本书系“自贸港建设背景下海南中外合作办学高质量发展研究”(Hnjg46-3810)、“海南省国际海岛休闲度假旅游研究基地项目”(HNITRB2021)阶段性研究成果

中外影视旅游目的地营销案例分析

周　扬　陈　琼　郑惠子◎著

中国商业出版社

图书在版编目（CIP）数据

中外影视旅游目的地营销案例分析 / 周扬，陈琼，郑惠子著 . -- 北京：中国商业出版社，2022.12
ISBN 978-7-5208-2395-1

Ⅰ . ①中… Ⅱ . ①周… ②陈… ③郑… Ⅲ . ①影视艺术 – 旅游市场 – 市场营销学 – 研究 Ⅳ . ① F590.75

中国版本图书馆 CIP 数据核字（2022）第 244868 号

责任编辑：许启民
策划编辑：武维胜

中国商业出版社出版发行
（www.zgsycb.com　100053　北京广安门内报国寺 1 号）
总编室：010–63180647　编辑室：010–83128926
发行部：010–83120835/8286
新华书店经销
北京亚吉飞数码科技有限公司印刷
*
710 毫米 ×1000 毫米　16 开　10.25 印张　162 千字
2023 年 4 月第 1 版　2023 年 4 月第 1 次印刷
定价：80.00 元
* * * *

前言 /PREFACE

文化多元的发展让旅游者在文化方面有了不一样的选择，其中，影视旅游逐渐成为旅游者首选的方向之一。正因为影视作品有其优越的推广性和多样性，所以吸引了众多旅游者热衷于影视中的旅游目的地，影视拍摄其独特的表现手法，也为目的地增添了更多的魅力。从整个旅游业的研究方向出发，影视产业和旅游产业的相结合，正响应了旅游多元化发展的内容，丰富了旅游产业和文化产业的发展模式，开拓了旅游目的地营销的新研究方向，开拓了创新创意。影视旅游作为一种新型的特色旅游形式，需要一定的研究理论作为支撑，从实践分析出发，针对旅游产业和文化产业的一般规律，在此基础上提出新的目的地营销方式，为旅游目的地营销增加新的理论内容。

为了借鉴国内外著名的影视旅游目的地在营销推广过程中的经验，本书收集、整理了 38 个案例进行分析研究，希望借他山之石，可以收攻玉之效。这 38 个案例的选取考虑了样本的典型性，它们涵盖了西方发达国家影视旅游目的地，如美国洛杉矶、英国伦敦、奥地利维也纳等；同时也覆盖了发展中国家影视旅游目的地，如墨西哥、越南、印尼等；既有以历史文化为主的旅游城市，也有以自然山水为主的原始荒野；既有以休闲观光为主的影视旅游目的地，也有温带滑雪和热带海岛影视度假区；既有国家公园，也有主题乐园；既有区域性的影视旅游目的地，也有全球性的影视旅游目的地；既有复合型集聚形成的影视产业集群区，也有需求拉动形成的休闲、度假、亲子产业带。总之，本书的案例，充分考虑到了影视旅游目的地类型的多样性、业态的多元性。在案例收集过程中，笔者尽量采用来源可靠和权威的数据信息，如影视旅游目的地的官网信息、官方公开的统计数字等。

本书作者主要是海南热带海洋学院国际学院、创意设计学院的中青年骨干教师，具体分工如下：第一章、第二章由周扬老师撰写；第三章国内影视旅游目的地案例由郑惠子老师撰写；第四章国外影视旅游目的地案例由陈琼老师和周扬老师撰写。

本书在撰写过程中参考了一些最新的资料和专著，在此衷心向各位专家表示诚挚的感谢。同时感谢海南热带海洋学院国际学院林龙海、徐丰盈、林佳佳、刘晓桓、孙文博、衡晓晗同学在资料收集过程中的辛勤付出。由于时间仓促，书中内容难免有不足之处，敬请读者批评指正。

周　扬

2021 年 12 月 26 日

目录 /contents

第一章　绪　论 /1

第一节　研究背景 /2

第二节　研究意义 /3

第三节　研究方法 /5

第二章　文献综述 /7

第一节　影视旅游的文献综述 /8

第二节　影视旅游目的地国内外研究 /9

第三章　案例分析与综述 /17

第一节　国内案例分析 /18

第二节　国外案例综述 /108

第四章　我国影视旅游发展的对策与建议 /143

第一节　把握营销活动的最佳时机 /144

第二节　模式创新,整合式营销 /144

第三节　打造体验式观光产品 /146

第四节　增强影视旅游文化内涵 /148

结　语 /150

参考文献 /151

第一章　绪　论

第一节　研究背景

影视旅游是一种随着科技和文化产业的进步,衍生出来的旅游模式、旅游产品和旅游活动,是旅游发展到一定阶段与影视产业相结合的产物,伴随着我国人民物质生活水平的提高,受到越来越多旅游者的青睐。自1955年世界上第一座迪士尼乐园在美国加利福尼亚州建立以来,影视旅游的开发与演变已历经半个多世纪,从最早作为“电影衍生品”的迪士尼乐园到迪士尼主题影视城的兴建热潮,人们逐渐发现影视IP对于旅游产品有着非同一般的影响,是旅游产品的天然载体。一方面,影视作品中出现的旅游目的地、旅游酒店和当地美食,甚至交通工具和纪念品等所具有的可展示性和商业价值,使旅游业成为影视业积极寻找的“金主”;另一方面,鉴于当今观众对于影视作品在视觉效果方面不断提升的要求,影视作品多半会选择具有观赏价值且符合剧情需要的外景地拍摄,因而诞生了“随风潜入夜,润物细无声”的影视植入旅游广告,将旅游产品作为拍摄背景以潜移默化的方式引起观众注意,但又不像传统广告那样令人反感。

几乎每一个“80后”都看过家喻户晓的影视剧《新白娘子传奇》,于是,断桥、西湖、雷峰塔成为一代人心目中杭州的代名词,也为杭州优美的自然风光增添了些许浪漫的人文情怀,让许多人心驰神往。电影《阿凡达》的热播让钟灵毓秀的张家界再火了一把,张家界也借《阿凡达》热播打出了“潘多拉很远,张家界很近”的宣传口号。电视剧《天龙八部》翻拍了一轮又一轮,使大理成为现代都市人群心目中青山绿水、花开四季的世外桃源,苍山脚下、洱海岸边多了一批又一批追逐心目中风花雪月的异乡人。影视植入式旅游广告作为影视旅游的营销模式之一,是影视业和旅游业双方寻求共赢的产物,也成为国内外影视、旅游产业发展的必然趋势。

中国的影视旅游诞生于1987年。1987年中国的第一个影视基地“无锡影视城”在江苏省无锡市开始建设,它在建立之后拍摄了众多的影视作品，吸引了大量的游客前来参观，随后各地兴起了影视城建设的热潮，南海影视城、威海影视城等相继建立。在影视城不断为当地吸引游客的同时，影视作品也在通过其自身的影响力为其相关地点带来了大量游客，例如《从你的全世界路过》为四川省“稻城亚丁”景区带来了大量游客，《非诚勿扰》为浙江省的“西溪湿地”和海南省“亚龙湾热带天堂森林公园”吸引了大量游客。

第二节　研究意义

一、丰富旅游目的地营销的理论内容

从整个旅游业的研究方向出发，影视产业和旅游产业的结合，正迎合了旅游多元化发展的趋势，丰富了旅游产业和文化产业的发展模式，开拓了旅游目的地营销的新研究方向。影视旅游作为一种新型的特色旅游形式，需要一定的研究理论作为支撑，从实践分析出发，针对旅游产业和文化产业的一般规律，在此基础上提出新的目的地营销方式，为旅游目的地的营销增加新的理论内容。

例如，影视旅游体验营销，就是在体验经济的时代背景下应运而生的。所谓体验营销，就是从旅游者的情感、感官、思考、关联、行为五个方面重新开发、设计营销理念，让旅游者在旅游的过程中，获得精神需求满足的一种营销模式，体验经济是人类对文化的需求不断上升的必然趋势。体验经济的这些特性与旅游业不谋而合，因为旅游业是与生俱来的体验经济，是天然的、名副其实的体验经济行业。从内容上看，体验经济提供了旅游施展魅力的平台，但在本质上，旅游中的精神满足就在于差异化的消费体验。因此，旅游业必须在体验经济下适应营销环境的变化，从而改变传统的营销观念和模式，更多地在旅游产品中引入体验营销策略。在旅游营销与影视业的结合中，推出更具有影视视听体验的旅游产品，让旅游者在与影视明星的会面中，或在影视拍摄地的游览过程中，获得更高层次的精神满足和愉悦。

对消费者行为的定义有不同的立论观点，包括心理学、社会学、营销学等不同领域的学者都对其进行了界定。其中，较为认同的是行为主义

心理学奠基人华生提出的“刺激—反应”理论。该理论从影视旅游营销角度看,即是影视旅游业的市场营销活动被视作对购买者行为的刺激,如影视旅游目的地、影视旅游衍生品价格、旅游目的和营销方式等。以上可以称为“影视旅游营销刺激”,是影视旅游业有意安排的、对旅游者的外部环境刺激。除此之外,旅游者还时常受到其他方面的外部刺激,特别是经济和文化上的刺激,也包括影视剧宣传片、线上旅游植入广告和旅游旺季促销等。所有这些刺激,进入了旅游者的心里后,经过了一系列的心理活动,产生了人们看得到的旅游者反应:对于影视旅游产品的购买是拒绝还是接受,或是表现出需要更多的信息。如旅游者一旦决定购买,其反应便通过其购买决策过程表现在购买者的购买选择上,包括影视旅游产品的选择、目的地的选择、旅游交通方式及旅游中介的选择等。

二、创新旅游市场的实践意义

影视旅游,可以理解为所有因影视活动的开展并引致的旅游成果,包括影视拍摄地旅游、影视节活动地旅游、影视文化演绎出的旅游等,统称为影视旅游。“影视文旅”带来的产业延伸和创意体验应当融影视、产业、文化于一体。全国旅游项目管理系统的统计显示,目前全国在建的旅游综合体项目有2027个,占全部在建旅游项目数量的19.2%。在文化产业成为国民经济支柱产业的今天,影视文化主题已成为发展各地文化旅游产业的一个新动力。

影视旅游在旅游业中的营销与推广作用研究是一个新课题,影视所具有的广泛传播性,让旅游目的地与影视作品相互融合,从而有效地发掘出旅游目的地的形象特点,以利于对旅游目的地进行推广。影视旅游作为旅游市场的一个创新领域,为旅游市场提供了新的传播路径,着实提高了旅游产业的影响力和传播性。

影视作为一种大众化的信息传播渠道,是流行文化的引导者,是能够跨越时间和空间的展示平台。近年来,影视旅游的现象已经越来越明显,英国、美国等国家及地区通过不同形式的影视作品营销来促进地区旅游业的发展,并传播本地文化取得了巨大成功。我国也出现了《似水年华》《乔家大院》《非诚勿扰》《泰囧》等一系列的影视剧,为乌镇、乔家大院、日本北海道、泰国清迈等地带来的旅游热潮。所以,从实践上来看，影视旅游目的地植入式营销的传播模式、传播内容、传播效果仍有待商榷。但探索科学的植入式营销方式是必要的，发掘国内外相关成果的经验并进行总结提升，对于每一个潜在的影视旅游目的地来说，势在必行。

第三节　研究方法

本文应用文献调查法、案例分析法和归纳总结法进行研究。

1. 文献调查法

文献调查法是定性研究的一种重要方法，通过各种书面方式获得研究资料，对二手资料进行筛选和分析，从中获取影视旅游和旅游目的营销的有关成果，充分弥补理论研究的空缺，合理地整合成果应用于研究的理论模型。

2. 案例分析法

案例分析从实际案例来分析问题。本文结合国内外许多典型的影视旅游目的地营销案例，通过分析不一样的营销方式以及实际的环境因素，有效地排除一些无关因素的影响，同时准确地找出影响影视旅游目的地营销的因素。

3 归纳总结法

归纳案例结论得出一般性的原理，对国内外的一些案例分析结果进行归纳，总结出旅游目的地营销的影响因素。

第二章 文献综述

第一节　影视旅游的文献综述

一、影视旅游的定义

影视旅游作为一项特殊的文化旅游活动，是旅游业与影视产业相结合而产生的衍生物。国外学者将影视旅游总结由电影或电视剧引起的旅游活动（film-induced tourism）。不过，作为较为新鲜的研究方向，至今还没出现过较为权威的专著，对其的定义也未见统一。分析相关的研究文献，国外影视旅游的研究始于20世纪90年代。

西方称之为“电影引致旅游”，认为它是由于旅游目的地在银幕上的展现而促使旅游者前往目的地和吸引物的旅游活动（Events）。国内得到较多认可的则是以影视拍摄、制作的全过程及与影视相关的事物为吸引物的旅游活动（刘滨谊，2004）。两者相比较之下发现的共同之处都是旅游目的地的吸引物与影视的关系，总体而言，就是由影视制作相关的吸引物而形成的旅游活动。影视产业已经有了100多年的历史，它对人们的文化产生了深刻的影响，影视产业是集服务、销售、租赁渠道为一体的多产业集群，好莱坞的火车头理论认为影视作品的真正价值不只来源于影视作品所创造的利润，其价值还来自对影视作品相关衍生产品所创造出的发展机会，包括模型玩具、视听产品、主题公园、电影节等。影视旅游是影视产业与旅游产业相结合的产物，影视作品通过其营造出来的背景环境、人物形象、剧情情节等对观众产生了一定程度上的吸引，被吸引的观众向往前往“影视”之中去亲身体验影视中的环境，由此产生了影视旅游。影视旅游由旅游目的地、影视相关内容和观众三部分组成，只有旅游目的地满足了观众对影视作品相关的旅游需求才会形成影视旅游。影视旅游包含不同形式的活动，例如，参观摄影棚、参观影视取景地、参加电影节、参与电影首映及颁奖仪式等。

在Macionis的模型中，影视旅游的游客有三种类型：偶然的参与影视旅游体验的游客、因为影视作品的吸引而参与影视旅游的游客、被影视作品以及其他因素所吸引而参与影视旅游的游客。不同类型的游客对于影视旅游有着不同的动机与期望。

影视旅游本质上是一种流行文化引致的旅游现象，具有突发性、短暂性、不可预见性等特点。与其他旅游类型相比，影视旅游更具文化色彩，不仅有助于文化传播，在某种程度上也可以促进旅游目的地文化的保护和发展。影视旅游作为一种新兴的文化旅游发展模式，在我国具有广阔的市场前景，是文化产业与旅游产业融合发展的重要代表之一，也是今后文旅产业持续发展的重头戏、新亮点。

二、影视旅游产品的分类

著名学者 Beeton（2005）将影视旅游概念进行延展，把影视旅游产品分为场地旅游（on-location travel）和脱离场地旅游（off-location travel）两大类（见表 2-1）。

表 2-1　影视旅游产品分类

产品类型	场地旅游（on-location travel）	脱离场地旅游（off-location travel）
定义	对影视作品中的实景场地和仅作为拍摄场地的旅游观光	对电影制作工作室或与电影相关的主题乐园、拍摄基地进行的观光
性质	商业化旅游（commercial travel）：影视作品中的景观或场景，作为旅游观光地点； 信息不对称的旅游（asymmetric in formation）：对电影拍摄地而并不是发生地的观光	一次性事件电影节或首映式（one- offevents film festivals or premieres）：某个知名电影节或电影首映仪式的目的地进行的旅游观光，例如：法国戛纳、意大利威尼斯、美国洛杉矶等； 媒体主导式旅游（armchair travel）：由媒体主办的旅游节事，吸引游客前往观光

第二节　影视旅游目的地国内外研究

在体验经济时代，旅游者选择旅游目的地的标准不再是旅游地的景观或历史古迹，更多的是对一种生活方式、地方文化的体验和选择。他们更注重个性化的出游、以享受生活、沉浸式的体验为追求。因此，在影视剧的影响下，影视主题相关的目的地因其地标明确并且被赋予了一圈“偶像光环”而为越来越多的旅游者所接受。除此以外，在影视作品中被明确定位的目的地借由影片的卖座以及“偶像效应”能在营销上更加得心应手，节省了一大笔开销。例如，一部电影《人在囧途之泰囧》让国人去泰国旅游的热潮达到鼎沸，导演徐峥因此被泰国总统热情接见；电视剧《大长今》对韩国文化及饮食进行了广泛的宣传，使得首尔、釜山等地的旅游业迎来高峰。可以看出，影视主题目的地旅游是指以影视的拍摄地或影视剧的设定地点（非真实拍摄地）为目的的旅游方式。

Riley 和 Van Doren（1992）研究了影视对旅游的影响及优缺点；Tooke 和 Baker（1986）就电视剧调查发现在播出后当地旅游上升明显；Riley 和 Baker（1998）收集了大量的数据对 12 部知名的美国电影进行数据处理，建立线性趋势曲线，进行定量分析；Tooke（1986）还指出外景地应该采取措施来吸引影视公司，充分利用地方的“曝光”机会；刘滨谊和刘琴（2004）为国内首先总结了影视旅游的概念；潘丽丽（2005）研究了影视拍摄对外景地的影响；付冰、周申立（2005）列举了我国主要影视城的基本情况，指出了我国影视旅游的发展带来的积极和消极影响；王玉玲、钟伟（2006）研究了迪士尼、加拿大、美国和韩国发展影视旅游的方式，总结出国外影视旅游发展的优势和经验；王树春、李陇堂、王彦庚（2006）以宁夏银川市华夏西部影视城旅游开发为例，采用实证调查研究的方法，分析了该旅游景区的发展背景、开发条件，特色旅游产品开发以及在客源市场上的发展态势和存在的问题。

以往的研究可以表明，影视作品能够提高一个目的地的知名度与吸引力并为目的地带来更多的收益，影视旅游能够为当地带来很大的好处。影视旅游通过影视作品来吸引游客，影视旅游目的地中与旅游相关的就是最重要的旅游吸引物，因此，与影视作品相关的纪念品、取景地、节日活动都会为影视旅游目的地带来大量收益，在带来收益的同时，还有利于加强社会各界对于影视旅游目的地的自然特色和人文资源的保护力度。但同时，影视旅游的发展也会对影视目的地带来负面影响，其影响可能包含：当地居民的日常生活受到影响，如影视旅游的发展使得当地物价提高、大量外来游客和旅游相关工作人员进入当地；游客满意度不高，如环境和服务质量无法满足游客需求以及电影中所营造的环境或者出现的物品、文化与影视旅游目的地中所实际展出的内容有较大差异。

一、影视旅游目的地

影视旅游目的地广义上而言就是某旅游目的地，借由影视作品的影响或传播，吸引旅游者在此短暂停留、参观游览的地方；有人认为影视旅游目的地是旅游活动的中心，它同旅游目的地一样，集合了旅游的所有要素，是一个包含需求、交通、供给和市场营销的服务设施中心；也有人认为影视旅游目的地是 Leiper 的旅游体系中的第三个要素，并在很多情况下是作为一个最重要的要素，它能够作为旅游吸引物吸引游客前来造访，以此带动整片旅游区域的发展，是旅游活动中最具有旺盛生命力的一部分，它作为旅游体系的载体，承载着旅游活动的命脉。

回顾旅游目的地概念的发展历程，经历了从地理概念到知觉概念的转变。地理概念是把旅游目的地当作一个特定的地理区域，如一处具体的风景区、一座城市、一个国家；知觉概念则从旅游者主观的角度出发，把一个能够吸引旅游者、满足旅游欲望、进行旅游活动、创造旅游体验的区域定义为旅游目的地。2004 年，世界旅游组织对旅游目的地作了一个较为全面的定义，即“一个游客至少停留一个晚上的物理空间，它包括旅游产品如支持性服务和吸引物；它具有地理和行政界限，并以此来决定其影响市场竞争力的管理活动、形象及其感知。当地目的地包括众多的利益相关者，并且通常包括一个东道主社区”，明确了旅游目的地包括物质和非物质因素，以及利益相关者。由此可见，旅游目的地是一种集旅游资源、旅游产品、旅游接待设施、交通设施和相关的旅游组织为一体，并与市场需求相结合的空间复合体，具有整体形象和整体利益一致性的特点。

同样地，影视旅游目的地的研究可以简单地归纳如下（见表 2-2）。

表 2-2　影视旅游目的地研究

作者	研究结论
澳大利亚旅游局（2018）	通过电影《鳄鱼邓迪：传奇之子归来》极大提升了澳大利亚旅游的影响力与知名度，并将大大刺激国际游客的旅游消费。澳大利亚旅游局希望通过自身的资源投入和渠道共享，并借助电影《鳄鱼邓迪：传奇之子归来》向中国乃至全世界的旅行爱好者们广而告之，不管是在寻找刺激冒险、精彩旅程、清新自然、美酒佳肴、节日盛会、历史文化以及令人舒心的岛屿与海滩，还是希望接触地球上最古老的文化，澳大利亚总能如你所愿，让你体会真正的“澳”世无双

续表

作者	研究结论
刘力(2013)	影视剧是影响影视旅游目的地形象的重要因素。由于其自然风光迷人、风土人情独特,加上观众好奇心理、明星粉丝效应、电影特殊呈现效果以及社交媒体的广泛传播,对目的地的经济产生了巨大的影响
Iwashita(2008)	影视作品能够创造目的地形象,使得游客对目的地更感兴趣
SueBeeton(2004)	澳大利亚电影《奈德凯里》,对“丛林大盗”奈德·凯利一生的追述,演绎了澳大利亚罪犯们的抗争史。对澳大利亚农村旅游目的地形象和实际的旅游形象的冲突造成了旅游者心理上的混乱,对澳大利亚旅游产生了不良影响
理查德·林克莱特(2003)	电影 Before Sunrise,剧中移步换景式的聊天,将“维也纳半日游”浪漫细节展现得淋漓尽致,多年来引得无数粉丝奔赴维也纳,只为“圣地巡礼”,重走爱情路,很大程度上重塑了维也纳的旅游目的地

二、影视旅游目的地营销定义及特点

(一)影视旅游目的地营销定义

影视旅游目的地营销被定义为旅游组织通过区分、确定影视旅游目的地产品的目标市场,建立目的地产品和目标市场的关联系统,并保持或增加目的地产品所占市场份额的活动。通常影视旅游目的地的营销主体并非一般的旅游企业,而是区域性或者是跨区域性的一些旅游组织,这区别于普通的个体企业营销活动,大多数是以政府部门或其他代表性的旅游组织为主体,在区域上做出新型的营销方案。影视旅游目的地营销的客体即为目标市场,通过对影视旅游目的地的品牌建立和形象设计,去提高自身所占的市场份额,提高竞争力。影视旅游目的地营销的主要营销手段是目的地形象,塑造并提升旅游目的地的形象是作为吸引客源的有利条件之一,是作为目的地营销的根基,是区域发展的助推剂。

当今旅游业的快速发展,客观上对旅游目的地营销研究起了推动作用,国内外学者就旅游目的地营销概念提出了许多见解。朗德博格(Lundberg,1990)认为,目的地营销包括三个方面的内容:确定目的地能够向市场提供的产品及其总体形象;确定对目的地具有出游愿望的目标市场;确定能使目标市场信任并抵达目的地的最佳途径,即营销。

赵西萍(2002)认为,旅游目的地营销就是要提高旅游目的地的形象和价值,使潜在旅游者充分意识到旅游目的地与众不同的优势,开发有吸引力的旅游产品,宣传促销整个地区的产品和服务,刺激来访者的消费行为,提高其在地区的消费额。袁新华(2006)则认为,旅游目的地营销是以旅游目的地区域为营销主体,代表区域内各种相关机构、所有旅游企业和全体从业人员,以一个旅游目的地的整体形象加入旅游市场激烈的竞争中,并以不同方式和手段传播旅游信息,制造兴奋点,展示新形象,增强吸引力,引发消费者注意力和兴奋点的全过程。

综上可知,在影视旅游目的地营销中,要把影视旅游目的地作为一个整体,通过影视作品展现旅游目的地的形象及其景区吸引物,传播能够吸引旅游者注意力的旅游目的地相关信息,向目标群体进行营销以引发其前往目的地旅游的欲望,进而让其在旅游目的地产生消费行为。

(二)影视旅游目的地营销特点

1. 营销效果的不确定性

影视旅游目的地作为营销中的“产品”,营销内容与游客实地感受的差异性容易造成营销效果的变异,这类产品中的游客满意度是可以作为评价营销效果的成绩之一的,但主要影响因素还在于旅游者所体验的过程中的复杂活动。不同于一般的物质产品可以直接到达消费者的身边,旅游消费行为的异地性特点,即旅游者在客源地做出旅游决策而在目的地消费旅游服务,在一定程度上导致了营销效果的不确定性。除此之外,由于旅游行程涉及食、住、行、游、购、娱的复杂性,营销主体通常难以完全控制旅游者的满意度,旅游目的地的营销效果也就表现出更多的不确定性。

通俗地讲,营销效果的不确定性可以体现为植入手法的不确定性。将旅游目的地影视作品植入的方式有很多种,其中包括场景植入、剧情植入、生活方式植入等多种植入方式。这是一种介于“被情节干扰”和“干扰情节”的营销方式,追求的是与影视剧情节的自然融合与天然契合。不应该仅仅依靠景区、景点、城市形象以及剧中角色传播次数作为唯一测量标准和收费标准,而是应该根据受众的好感度增加程度以及产生旅游动机为主要考核标准。切不可出现影响剧中情节,令观众产生反感、厌恶等情绪。营销人员应该重视深度植入,而不仅仅是片面追求旅游目的地的曝光率。

2. 营销内容的综合性

影视旅游目的地营销与其他产品的营销有着一致性,但就主体而言目的地营销存在的综合性、复杂性远远超过普通营销产品。目的地营销作为区域性的组织营销,从综合性出发,目的地营销中的目的地品牌建立的复杂程度是最难的,需要适应大众游客的良好品位,并且有时需要针对特殊需求的游客涉及一部分独特的区域。为此,不可能对整个产品做出与普通营销产品一样详细的介绍,营销重点是总体的旅游目的地,其业务收入、销售量等,仅仅是微观层面的思考。营销内容综合性的特点,要求把融合多种要素的旅游目的地作为一个整体来进行营销,而这可以通过整合相关的营销机构来实现,例如,通过整合政府和企业的营销力量,形成合力,共同宣传旅游目的地,提升营销效果。

互动式、体验式营销是未来的发展趋势,在营销产品的时候,需要给消费者构建一个消费动机的场景,所有的消费行为都是发生在特定的场景之下,只有这样,才能促进消费欲望,产生消费行为。对于旅游目的地来说,天然就有这个场景,因此,把旅游景区或城市形象植入影视剧具有天然的优势,但是,这个场景并不是目前仅仅理解成的影视剧拍摄地,而是需要有一系列成熟的营销手段,形成配套的市场营销系统和商业模式。目前,旅游目的地与影视剧的结合仅仅是作为拍摄地进行宣传,这种单一的宣传手段很难达成良好的营销效果。另外,容易忽略当地文化的植入,如果仅仅是将旅游景区简单地出现在影视剧中,没有让观众对剧中的旅游目的地文化产生强烈的好奇心与冲动,就很难达到预期的营销效果。比如,电视剧《欢乐颂2》在第一集大量展现国外旅游度假地风光,非但没有引起观众对旅游目的地的兴趣,反而因为与剧中情节内容结合不够,被网友抱怨“故意拖慢剧情进度”“成了某地的旅游宣传片”,这不仅没有达到旅游目的地的营销效果,反而还使电视剧饱受诟病,得不偿失。

3. 营销目标的长久性

与普通营销企业相比,目的地营销的寿命一直都是比较长久的,企业的产品营销关注的短期利益和销售量只在产品的寿命之内考虑,由于产品的时效性,往往不能获得长久的利益。而旅游目的地的营销却是一项长久的项目，从营销设计方案的时间来说，可能就是其他产品的一个生命周期，因此，目的地营销存在着可持续发展的可能性。营销目标具有长久性，就意味着需要持久的推动力来保证旅游目的地的可持续发展。很多决策者认为旅游目的地通过一次大型活动就可以实现营销目标，但其实脉冲式的营销方式只能取得短暂的成果，只有长久的、系统的营销努力，才能使旅游目的地营销取得长期有效的成果。

4. 影视旅游目的地形象的再现与重塑

影视作品是高度浓缩现实的文化，可能通过一个镜头、一个场景、一个充满当地风情特色的称呼便令观众对当地文化、景物产生兴趣。但是，需要注意的是，影视剧作品的内容虽然来源于生活，但却是高于生活的艺术品，运用各种高科技以及制作手段美化了内容及场景，在容易提高旅游动机的同时，也很容易提高游客的旅游期望，如果处理不好二者的关系，很容易导致重游率降低，甚至影响口碑传播。这也是利用影视作品重塑旅游目的地形象时，必须要考虑和注意的问题。

第三章 案例分析与综述

第一节 国内案例分析

一、东部地区

(一)横店影视城

1. 横店影视城简介

横店影视城,始建于1996年,是集影视、度假、旅游、观光、休闲为一体的大型综合性旅游目的地,以其历史场景和文化底蕴而被评为国家5A级旅游景区。横店影视城地处浙江省金华市东阳横店镇,距温州和杭州各180公里,距离东阳市中心18公里,地处于江、浙、沪、闽、赣四小时交通旅游经济圈内,游客乘飞机、火车或走高速公路都可直达景区。影视城总面积30多平方公里,其核心景区面积20多平方公里,是中国唯一的“国家级影视产业实验区”,全球规模最大的影视拍摄基地。其中,广州街、香港街、明清宫苑、秦王宫、清明上河图等13个各具特色的影视拍摄基地具有鲜明的特色,两座超大型摄影棚极具现代化。在这些基地里已拍摄了如《鸦片战争》《英雄》(电影版、美剧版)、《无极》《雍正王朝》《画皮》(电影版、电视版)、《西游降魔篇》等1200多部影视剧,因此,横店被业内人士称作“中国好莱坞”。随着横店影视城影视旅游的不断发展,小镇从单一“影视基地”向影视主题旅游公园进行了战略性的转变。横店影视城作为曾经的一个小乡村,因发展工业而致富,但却因一个副业在全国闻名遐迩,业内人士认为正是因为“横店模式”的出现让其有了不同凡响的规模。2005年,为纪念中国工农红军长征胜利七十周年,红军长征博览城的垦荒面积达到9000亩。横店影视城新投资15亿元的项目——“海滩基地”,也正在紧张建设中。

2. 发展理念

横店影视城集中国影视旅游文化之精义,打造国际化的观光与休闲的梦幻之城、快乐之都。“影视为表、旅游为里,文化为魂”,以影视为牵引机，旅游为载重机，文化为核动力，形成影视和旅游各自产业链的延伸发展及影视与旅游交融互动的经营特色，实现影视基地向影视旅游主题公园的转变，旅游产品由观光型向休闲体验型转变，游客将深度体验、享受休闲度假乐趣。

3. 营销策略

（1）影视 + 旅游

横店影视城的景观既可以用来拍摄电影和电视剧，也可以用来旅游观光，其资源丰富，市场前景广阔，影视产业的兴旺促进旅游业的发展。影视作品作为旅游营销的有效手段，具有其他营销方式所不具有的优势，影视剧是吸引游客的重要因素。1996 年至今，横店影视城不断发展壮大，已成为全球规模最大的影视拍摄基地。这里诞生了《鸦片战争》《荆轲刺秦王》《绝代双骄》《英雄》《无极》《功夫之王》等 600 余部中外影视剧，吸引了无数游客前来横店影视城旅游。横店保留的拍摄基地持续激发了广大观众的兴趣，游客数量与日俱增。游客数量增加，又反过来成为横店的资源，吸引源源不断的剧组来此取景拍摄或搭建新的影视拍摄基地，并且，促进了横店餐饮、住宿、理发和百货业的发展。目前，除了横店影视城自身配备有 10 个星级酒店外，在影视城周围零星分布了不少于 30 家宾馆，涵盖了各种档次的服务，五星、四星、三星、经济型，应有尽有，地区接待能力大为提高。横店以主题公园和影视基地为核心向外发散，创造新卖点，着力打造集旅游、观光、拍摄、休闲以及配套服务为一体的产业链。无论是住宿、游玩还是餐饮，所有这些的前提都是影视，如果没有影视作为基础，所有的一切将和普通景区一样毫无特色，这也说明影视与旅游产业的结合，已经成为不可逆转的发展趋势。

（2）旅游 + 互联网

“旅游 + 互联网”的融合转型，使景区比以往任何时候都更加突出自己的核心产品。当今互联网时代，传统营销模式的优势已经过去，随之而来的网络营销给旅游业带来巨大的红利。在互联网上，没有什么是不可以进行交易的，也从来不缺少商机。横店影视城正是利用“互联网 +”的流行势头，与美团点评达成战略合作关系，双方宣布将围绕智慧景区共建、数字化营销、线上线下会员互通等方面进行深度合作，全面提升消费者在横店影视城的游玩体验。

①线上预订系统

美团点评为横店影视城提供预约购票能力，让消费者通过美团 App 即可在线完成实名预订与游玩时间登记。园内游玩时，美团将免费向横店影视城提供“美团云排队”系统，帮助游客实现景区玩乐项目的分时预约，省去线下排队等待过程，使游客的时间利用更高效。

②游客评价分析系统

美团点评旗下的景评系统可以针对全网用户评论数据进行剖析和洞察，同时生成服务质检分析及服务报告，方便横店影视城进行自身能力的查缺补漏，更有针对性地提升自身经营效率。

③网络宣传

与传统媒体宣传相比，新媒体宣传在传播状态、传播范围、传播形式和传播效果等方面具有“多点对多点传播”“传播速度快，传播范围广”“互动性强”“传播形式多样化”和“传播成本低”的特征。直播和短视频是当下非常流行的内容传播方式，而天然具有“影视基因、娱乐精神”的横店影视城，利用当下最流行的传播方式将其展现在大众面前。为了网络宣传，横店影视城制定了自媒体内容创作奖励政策，鼓励公司员工参与短视频创作。横店清明上河图景区演出部经理王会亚在抖音平台运营的账号“横店西门吹雪”发布的短视频内容以“尬哥”这一人物在拍戏片场的趣事展开，半年时间内吸引粉丝超过 500 万；此外，横店影视城还孵化出了粉丝量上万的网红达人 20 余名。除了让内部员工参与进来，横店影视城也向社会上专门从事短视频拍摄的机构开放合作。通过自媒体平台的传播，横店影视城进一步强化了“影视泛娱乐”的品牌形象，让更多的游客产生前来体验的兴趣。同时，横店影视城借助微博、微信、陌陌等实时更新横店影视城美照，制作醒目、精美广告，推出优惠门票吸引消费者。

④节事营销

横店要树立“中国好莱坞”这个品牌，好的营销策略至关重要。为了提高自身的形象品牌，横店承办了众多节庆和赛事活动。

“中国农民旅游节”连续 6 天在横店举办，使得横店成为新闻报道的热点，2008 年与湖南卫视合作创办的“横店大冲关”挑战赛、中国影视高峰论坛等大型活动都让横店成为关注焦点。2017 年，横店影视城举办了穿越主题的马拉松，在基地里跑穿越马拉松，吸引了 1 万人次的马拉松爱好者，被评为仅次于西湖马拉松的第二位的马拉松，采访的记者将之评为“最娱乐的马拉松”。另外，还与明星何润东在横店影视城的明清宫“皇宫”里举行了篮球比赛，有明星、有“皇宫”的场景、有公益等，都是“横店影视城＋体育”的一些尝试。

这些节事活动的举办，让横店影视城走进大众的视野，让更多的人了解横店影视城，以此提升自身的知名度和品牌形象。

⑤广告营销

植入式营销（Product Placement Marketing）又称植入式广告（Product Placement），是指将产品或品牌及其代表性的视觉符号甚至服务内容策略性融入电影、电视剧或电视节目各种内容之中，通过场景的再现，让观众在不知不觉中留下对产品及品牌印象，继而达到营销产品的目的。植入式营销在国外发展得较为成熟，在国内正处于发展阶段。

一方面，近些年许多综艺节目在横店影视城录制。在拍摄录制的过程中，横店影视城不同主题的场景以视觉植入的方式多次曝光在荧屏中，给观众留下深刻的印象，吸引全国各地的游客前来游玩打卡。

另一方面，横店影视城在每场电影放映前，观众会提前10分钟入场，广告的投放效果保证每一位观众都能看得见。借助电影超大屏幕，利用震撼音响，使广告具有强指向性、强到达性、强印象性等其他广告发布媒体无法相媲美的优势。在广告开始放映时，周围黑暗的环境让人更加集中精力，游客表现得并不排斥广告，这减少了外界环境干扰，使得横店影视城在游客心目中留下了深刻的印象。

⑥体验式营销

在体验经济时代，旅游地的景观或历史古迹已不再是游客选择旅游目的地的唯一标准，更多的是一种生活方式的体验和选择。他们更注重个性化的出游、以享受生活或逃避现实或是冒险式的体验为追求。为了适应旅游行业的进一步融合与发展，“横店影视城＋”战略致力于将横店打造成为“观光＋体验”休闲复合型旅游目的地，将“生活方式”的理念融入旅游的行为中，创造全新的“沉浸式体验”的旅游方式。景区的收入将主要依赖游客各项生活体验的消费，真正实现依托横店现有拍摄基地的资源，在提升游客体验和服务上有突破性的创新。

（3）基地＋主题公园复合式

横店的旅游景区与影视拍摄地相重合，可同时提供动态和静态的旅游产品。静态的旅游产品包括自然人文景观、拍摄场地的欣赏等；动态旅游产品包括观看影视拍摄的过程，参与影视拍摄等。横店影视城通过图像穿越的方法，将部分游览型的景区打造成为可以穿越生活的体验型景区，消费仿拟时空与现实的退场，让每一个进入横店的人都有了不同的体验。在横店影视城内有着不同历史时期的宫殿与街道的仿制品，餐厅里也经常提供仿制古代宫廷风格的食物，不同场景展现不同的主题，横店以视觉复制为准则的空间逻辑打破了时间（历史）秩序，让游客能够轻易产生一种跨越时空的感觉。同时，利用游客对热播影视的喜爱，现场表演经典的影视画面，以此吸引游客。

（4）网红打卡地

横店影视城作为全国最大的影视拍摄场地，已经涌现出众多优秀的影视作品，如《延禧攻略》《如懿传》《步步惊心》和《宫心计》等热播剧。随着《延禧攻略》和《如懿传》的热播，两部剧拍摄的主要取景地——明清宫苑景区吸引众多游客前来游玩打卡，作为众多宫廷大戏的拍摄地，明清宫苑景区以北京故宫为原型，其雄伟的建筑彰显了皇家气质，很多游客到此地游玩，都有一种穿越时空的感觉。全新的广州街，不仅让游客欣赏到影视剧里民国时代的建筑背景，还能让游客品尝到影视剧里的美食。像这样不同主题的影视拍摄地还有很多，它们所具有不同年代的背景和建筑特色，吸引着全国各地的影视爱好者前来拜访。游客来到这里，还可以亲身体验饰演影视作品里的主角，这里有专业的拍摄团队和现代化的影视设备，可以为游客量身定制拍摄微电影。除了网红景点，还有网红餐厅和网红旅馆，它们通过拍摄精美视频和图片并放在抖音或微博上，高额的浏览量和转发量让横店成为游客心中的网红。

4. 横店影城客户群分析

（1）年龄

其主力客户群定位在18~35岁之间的追求时尚的年轻人群。年轻人往往具有热衷影视剧的心理，对于影视拍摄以及明星效应有一定的向往。16岁以下的青少年虽然喜爱追星，但由于自身经济条件的限制，来横店旅游的人数相对较少；中老年虽然有一定的经济基础和空余时间，但是他们并不关注影视剧和明星，反而他们更喜欢自然风景。

（2）地区

横店影视城的游客大多数是来自浙江本省，其次是江苏、上海、安徽和福建，离浙江省距离较远的省份游客人数较少，但值得注意的是，离浙江较远的北京和广东的游客占有一定的比例。从游客来源地分布可以得出距离是影响横店影视城主要客源地的一大因素，呈现出本省及周围省市的游客多，距离较远的省份人数少的特点，但也不能忽视经济较为发达的省市。

（3）文化程度

根据往年的游客人口调查，来横店影视城旅游的人群中，高中及中专和大学两部分人数占比较高，初中及以下学历的人数占比相对较少，硕士及以上的人数最少。

（4）职业

各个职业都有涉及。但值得一提的是，艺术类自由职业者这一行业的人数占有较高的比重，这一类人大部分都从事影视相关行业。横店影视城的影视文化属于大众文化，对各界人士具有较大的吸引力。

（5）旅游动机

游客的年龄与到横店影视城旅游的动机有一定的相关性。那些年轻的旅游者来横店影视城的主要目的多数是与影视文化有关，例如"寻找影视剧中的场景""参与或观看影视剧拍摄活动"和"渴望见到明星"，而那些老年旅游者多数以"休闲度假，观光游览，放松心情"作为出游目的。

5. 营销效果

横店影视基地的创建和营销方式不仅为横店创造了利润，也促进了当地旅游业的发展，更为横店树立了良好的口碑。2002 年横店影视城接待游客 128 万人次，2009 年，横店影视实验区入区企业达到 327 家，实现营业收入 20.23 亿元，同比增长 46.25%；接待境外游客 690 万人次，实现旅游收入 35 亿元，同比增长 20.7%。2010 年年底，横店影视城接待中外游客 841 万人次，较上年增长 44%；营业收入比上一年增长了 37%，利润比上一年增长了 24%。2011 年到横店旅游的人数超过 1200 万，实现收入 60 亿元。横店文化产业增加值占 GDP 的比重达 28%，相当于全国平均水平 2.78% 的 10 倍多。

6. 横店影视城的影响

横店影视城的发展不仅给广大横店人带来了明星，还给横店人提供了大量的经济收入。横店的发展带动了当地的旅游业，让无山无水的横店靠着明星效应、影视剧的效应吸引来一大批的游客前来参观，横店人依靠出售纪念品、出租房屋、提供餐饮等让自己的生活越来越好。太多电视剧电影在横店拍摄，需要大量的群众演员，很多抱有明星梦的小演员们都会聚焦在此，希望哪天会被导演发现看重。

横店影视城的崛起，也推动了横店休闲旅游业的发展。方圆10平方公里的横店，拥有十余家星级宾馆，共8000余个床位，无论是高档酒店还是基地宾馆、游乐园、夜总会、桑拿中心、演艺中心、健身中心、保龄球馆等设施配套一应齐全。同时，这也为当地提供了众多的工作岗位，缓解了当地的就业压力。

7. 横店影视城发展对策

（1）突出影视特色，深度发掘影视资源

开发影视文化资源，必须以文化魅力为最核心吸引力，同时紧随时代潮流，借鉴全球成功娱乐时尚活动案例，结合自身特色发展影视旅游。与旅游相关的活动“吃、住、行、游、购、娱”都是以影视特色为基调，创建“横店影视城+”的发展战略，满足旅游者追逐新奇的心理需求，以新卖点吸引旅游者，提高游客的重游率。

（2）针对不同目标客户群开发多种产品

发展影视旅游必须要看到市场多元化特点，注重研究市场、研究消费者心理，不同年龄、不同地域、不同目的的消费者都有差异。横店影视城的主要客户群是18～35岁热爱时尚的年轻人群，他们热爱影视，关注影视明星，同时拥有一定的经济基础和更多可支配的时间。针对年轻客户群，横店可以利用抖音、微博等新媒体，邀请影视明星代言，打造网红景点，提高自身知名度，吸引年轻游客到实地打卡。不仅让游客观赏到影视取景地，也让游客真正参与和体验到拍摄的过程中。对于老年游客，横店影视城可以发展休闲观光旅游，开发历史文化为主题的旅游路线，让游客在游玩的过程中，放松心情，领略文化底蕴。对于16岁以下的客户群，景区可以推出家庭游相关旅游套餐。同时推出影视文化教育为主题的旅游线路，游客在游玩的同时也能学习到相关知识。对于艺术类自由职业者，横店可以举办各种影视文化展览，吸引各界艺术爱好者。

（3）承包各大节事活动举办权，综艺节目赞助权

节事活动能够对观众产生吸引力，经过媒体的报道，可以引起广泛关注，在短时期内获得较大收益。节事活动的举办，不仅能提升横店影

视城的品牌形象，还能带动当地旅游相关产业的发展，缓解当地的就业压力。明星的加盟助阵，使得现在的年轻人更加喜爱综艺类节目，同时，也帮助横店影视城树立了自身品牌形象，使得大批游客抱着“见明星”的心态来到横店影视城，无形中也提升了影视城的知名度。

（4）多与旅游 App 开展战略合作，完善线上预订系统

现如今，“互联网 +”时代已展现其优越的特性，在这一时代下，涌现出众多旅游 App，如“携程”“飞猪”和“驴妈妈”等网络平台。“互联网 + 旅游”的模式加快了旅游业的发展，横店影视城与美团的成功战略合作证明了这一点。网上预约系统和传统的线下销售相比，节省了游客的排队时间，使游客有了更多可自由支配的时间，同时，也提高了影视城的销售效率。横店影视城的发展同样也离不开游客的旅游体验，游客可通过旅游 App 的点评功能分享自己的旅游经历和体验，以提高影视城的口碑。通过“口碑效应”，有更多的影视爱好者来到景区体验“影视 + 旅游”的独特魅力。同时，通过旅游 App 也能更加高效地收集游客的建议，通过分析，及时做出相应的改变。

（5）完善相关旅游设施

完善旅游设施，体现人性化，凸显影视个性化设计。影视旅游受影视业和旅游业的双重影响，也应注重旅游业发展的各种规律，作为一项旅游活动，“吃、住、行、游、购、娱”六个要素是要完善建立的，以确保旅游的通达性和便利性。游客在横店影视城旅游的同时，也需要体验剩下的五个要素，完善相关的配套服务能够极大地提升游客的体验。

（二）上海迪士尼

1. 上海迪士尼简介

上海迪士尼乐园，是中国内地首座迪士尼主题乐园，建在上海市浦东新区川沙新镇，是由华特迪士尼公司与上海申迪集团共同投资的合作项目。双方设立了两家业主公司（上海国际主题乐园有限公司、上海国际主题乐园配套设施有限公司）和一家管理公司（上海国际主题乐园和度假区管理有限公司），管理公司代表业主公司负责度假区的创意、开发和运营工作。2016 年 6 月 16 日，迪士尼乐园正式开园，它是世界第六个、亚洲第三个、中国第二个、中国内地第一个迪士尼主题乐园。上海迪士尼乐园现有 116 公顷土地，总规划面积达到 7 平方公里，其中心位置

位于北纬31° 4",东经121° 35",地处北亚热带南缘东亚季风盛行的滨海地形,属于海洋性气候,温度适中,光照充足,降水充沛,四季分明。上海迪士尼乐园开始时有六大主题园区:米奇大街、奇想花园、探险岛、宝藏湾、明日世界、梦幻世界,2018年新增第七个主题园区——玩具总动员;两座主题酒店:玩具总动员酒店、上海迪士尼乐园酒店;直达地铁站:迪士尼站;并有多个全球首发游乐项目。在上海迪士尼乐园,游客不仅能体验和欣赏激动人心的游乐项目和景点,还能观赏到精彩纷呈的娱乐演出。来自中国的舞者、音乐主持人和杂技演员,以其充满活力、多才多艺的表演为游客带来了经典的现场娱乐演出。2020年3月24日,第十一届中国最佳文化旅游大奖榜单发布,上海迪士尼乐园荣获“年度最佳文化旅游大奖”。

2. 发展理念

迪士尼乐园的成功之处,不仅在于其由高科技所提供的娱乐硬件,更重要的在于其服务质量管理的经验和软件,核心部分是迪士尼的经营理念和质量管理模式。第一个是“给游客以欢乐”,通过主题公园的娱乐形式,迪士尼致力于提供高品质和高质量的娱乐服务,带给游客更多的欢乐。第二个是“营造欢乐氛围”,欢乐的氛围需要游客和员工共同创造,员工的每一个服务细节都能营造欢乐的园区氛围,例如,特定角色的表演,眼神交流,微笑等,同时,引导游客参与游乐活动中,例如游客参与电影配音,与艺术家同台舞蹈,参加各种神秘刺激的游乐项目等。第三个是“把握游客需求”,迪士尼乐园大力研究“游客学”,各个部门之间相互配合,不断创新、增加旅游产品,增加游客的重游率。第四个是“提高员工素质”,每年迪士尼乐园都会投入大量的资金运用在员工的培训上,将企业文化融入员工的服务中。第五个是“完善服务系统”,迪士尼乐园中各个后备保障系统相互配合,保障整个乐园高效有序运转。

3. 营销策略

迪士尼的营销范围是巨大的,从每一个印着迪士尼卡通形象的玩具、每一部迪士尼公司拍摄的电影中就可以看出迪士尼的销售方法。

(1)“本土化”式营销

在跨国企业进军海外市场的过程中,企业中会出现本土文化和外来文化相互混融的情况。为了在中国市场取得更好的成绩，迪士尼公司一直在上海迪士尼乐园中实行本土化营销策略，积极将中国文化元素和美国文化元素相结合，设计出符合游客文化习惯的主题乐园。

①产品策略“本土化”

迪士尼十分尊重中国的传统文化，在上海迪士尼主题公园中，本土动漫形象与外来文化相结合：喜羊羊与米奇、唐老鸭相互拜访，让小孩子更加了解中国文化；上海迪士尼还增加了花木兰动漫角色，各种迪士尼形象穿上唐装、旗袍和中山装与游客合影留念等中国元素；同时，也将中国节日文化元素融入其中，如端午节举办迪士尼赛龙舟，中秋节举办迪士尼赏月大会；上海迪士尼大剧院首次上演普通话版的音乐剧《狮子王》，除了语言更加贴近中国游客，度假区内的建筑风格、文艺演出，甚至餐饮食品也都传递着中国文化，这吸引着无数的中国游客前来体验迪士尼的“中国风”。迪士尼正是运用“本土化”的营销方式，打开中国的广阔市场。

②宣传策略“本土化”

中国传统文化中，“家”文化在中国源远流长。上海迪士尼的宣传片的重点放在了“家”的文化概念上。一方面，从宣传语到广告宣传片，无时无刻不给人一种“家”的感觉。迪士尼中所有的文化都传递着一种信息：上海迪士尼会为每一个游客提供一个“家”的场所，让家人们在迪士尼乐园中度过快乐的美好时光，给游客留下美好的回忆。另一方面，上海迪士尼运用“名人效应”，多次邀请中国本土的各界明星到游乐园参观游玩，为游乐园代言。这些明星都是在中国特别受欢迎的人士，他们的出现为上海迪士尼提升了知名度，拉近了游乐园与中国游客的距离。

（2）“主题体验式”营销

对于迪士尼乐园，除了为游客带来视觉盛宴外，还能够给予游客一段难忘的情感体验经历，这也是上海迪士尼主题公园建立竞争优势的关键。全世界大量的粉丝都被迪士尼精美的影视动画所吸引，这些粉丝就是迪士尼乐园的潜在客户。在迪士尼乐园，二次元的动画世界已经延伸到酒店、服饰、玩偶和乐园等现实世界，就连游乐园里的食物也渗透着动画元素。进入迪士尼乐园，你会看到他们对细节的关注，这是所有内容营销活动的关键要素，甚至连街道标识也注重细节，它们可能是老鼠耳朵的形状。但如果迪士尼选择使用普通的标识，迪士尼乐园的神秘感将不复存在，众所周知，迪士尼在游乐场传递快乐的同时，也会在电影影视剧等方面来传达友情、亲情和爱情等情感，让大人和小朋友们有种身临其境的感觉。迪士尼乐园通过清晰的市场定位、精心打造的现实童话世界和优质的服务为消费者提供了快乐的美好体验，踏入充满迪士尼故事情节的酒店，就犹如置身于一个童话世界。酒店专有的免费摆渡车和免费摆渡轮可以载你前往上海迪士尼乐园，快捷方便。

迪士尼在体验式营销上获得了的巨大成功，归因于其将营销与消费者最终获得的体验联系起来，以难忘的记忆形成消费者忠诚的基础，进而保证消费者只要一想到迪士尼乐园，就能将其与快乐轻松的体验联系起来，从而提升品牌认可度。

（3）“科技 + 旅游”式营销

上海迪士尼的另一大特色就在于乐园内蕴含着“黑科技”，这些科技将带领游客步入影视剧中，让人们有种身临其境的感觉。皮克斯、Oculus、迪士尼和 VR 制作工作室 Magnopus 共同开发虚拟现实项目 CocoVR，通过 CocoVR，游客可以按自己的节奏在电影世界里遨游，将自己完全沉浸在皮克斯电影世界中。CocoVR 不仅为观众提供了一个奇幻的电影世界，同时，还让观众了解电影的艺术理念、故事情节以及未公开的画面，让观众可以走进电影创作团队，了解一部优秀的电影是怎么制造出来的，将 VR 和营销联系在一起，迪士尼通过身临其境的 VR 技术吸引更多的观众前去观影。同时，上海迪士尼精准结合 VR 营销与自身产品特质，用优秀的内容契合 VR 的沉浸式体验，较好地产生实际的商业效果。宝藏湾区的“加勒比海盗”项目运用全球唯一的由大量橡条搭建而成的投影屏幕，将各个巨型场景无缝连接，为游客提供完全沉浸式的体验。根据影视中不同的场景，整个海盗船可以做出不同的虚拟场景。当游客进入海底时，通过投影技术，能够看到漂浮在头顶的海面场景，通过视觉、听觉、嗅觉、触觉，将游客带入真实的场景中。虚实结合设计让人身临其境：其中包括屏幕内外的造景，影片中给游客带来震撼的海盗船，在旁边的实景造景中同样是等比例的船只局部造景。“翱翔 · 飞越地平线”项目以巨大的 IMAX 球幕为背景，加入中国元素，配合升至半空、可小幅度自由晃动的座椅，以及流畅精细的画面，带领游客俯瞰世界最具代表性的各处地标，让所有体验者产生真实飞翔的感觉。现代技术的融入吸引着众多游客和影迷前来体验，沉浸式的体验提高了游客的重游率，为景区培养了众多的回头客。

（4）新媒体营销

上海迪士尼乐园，作为中国内陆第一个、亚洲第三个、世界第六个迪士尼主题公园，在开园前就开始了新媒体的传播活动。

①视频直播

上海迪士尼在开园首日就请来了众多各界明星助阵，其中包括国际著名钢琴家郎朗。郎朗不仅参加了开园仪式，还全程直播了自己在上海迪士尼过生日的场景，直播观看人数数十万人。除了邀请明星外，上海迪士尼还邀请了众多网红主播全程直播试玩体验；某主播利用秒拍进行直播，直播 45 秒吸引 2000 人观看，最高观看人数 5 万人，累计观看人数数十万人，点赞互动数超过 30 万人。

②自媒体

那些知名自媒体也就是俗称“大 V”，在受众群体中常扮演“意见领袖”的角色，他们不仅用自己的观点看法影响受众的判断，更是时刻与受众分享着各类新鲜事物。上海迪士尼在新媒体营销传播中非常重视自媒体的影响，邀请了众多知名“大 V”，如拥有几百万粉丝的知名博主“全球旅游攻略”“7 公主的日常等”，在微博上分享各种游园攻略。

③微信平台

上海迪士尼乐园推出园区短视频大赛，拍照晒图分享赢门票，网络海选新人在园区举办集体婚礼等活动，利用微信平台进行转发宣传。一时间，朋友圈被迪士尼的活动所刷屏，线上线下的活动紧密配合，吸引众多游客、网友参加活动，提升乐园的影响力。

4. 上海迪士尼 SWOT 分析

（1）优势

第一，迪士尼落户上海得到政府部门的大力支持，提供了大量的资金和土地用于建设上海迪士尼乐园，并且该项目被上海市作为经济转型的重点项目。

第二，迪士尼的品牌在全国享有很高的知名度，是世界上最具知名度和人气的主题公园，品牌优势特别明显。

第三，上海迪士尼乐园位于上海，而上海地处长江三角洲前沿，东濒东海，南临杭州湾，西接经济发达的江苏、浙江两省，北靠长江入海口，地处我国南北海岸线的中部，交通便利，腹地广阔，地理位置优越，是一个良好的江海港口。上海是中国最大的经济中心和贸易港口，是全国最大的综合性工业城市，也是全国重要的科技中心、贸易中心、金融和信息中心，此地的人群消费水平高，消费观念前卫，所有这些有利因素都为迪士尼的运营提供了保障。

（2）劣势

东西方文化差异使得迪士尼这种娱乐方式可能不会轻易被一些国人所接受。尤其是一些中老年人，他们对动漫形象并不是特别感兴趣，反而对一些文化和休闲旅游目的地更加关注。另外，现有竞争对手和潜在竞争对手都对上海迪士尼构成了极大的竞争压力。

（3）机会

迪士尼来自美国，色彩丰富、造型奇特、好玩刺激、其乐无穷。对少儿家长具有很强的诱惑力。它集开发儿童知识面、身心娱乐性、思维敏捷性为一体，是一套综合开发体力、脑力的现代娱乐设施。同时，迪士尼乐园不仅具有趣味性、探索性、安全性的优点，而且还有较完善的智能化娱乐设施。

（4）威胁

第一，迪士尼乐园门票售价较高，且不包括乐园内的其他消费款项，过高的票价会限制其回头客的数量，而且票价不包括园内其他消费款项，这一点可能不会迎合中国消费者的消费心理。第二，迪士尼首次进军上海，机会很大，对中国娱乐主题公园具有压倒性的优势，但是它依然面临着本土企业的强大反击和对抗，如上海大世界游乐城就是其存在的一个强劲的对手。第三，除了上海以外的其他地区的消费者是否了解迪士尼，并是否真正地接受迪士尼也是一个潜在的问题。

5. 上海迪士尼客户群分析

（1）年龄

上海迪士尼乐园自开业以来，游客整体数量保持上升趋势。人群年龄分布主要以年轻客户以及家庭为单位的客户群为主：3 ~ 18 岁青少年儿童以及中青年家长、20 ~ 30 岁的年轻男女。中年以上客户占比较少。

（2）经济基础

上海迪士尼乐园游客中已婚有车家庭较多，且以中产家庭为主。很多以家庭出游的方式游园，年轻家长陪同孩子到游乐园游玩，且这些家庭有一定的经济消费基础。现如今，越来越多的家庭选择自驾游的方式，亲自开车到上海迪士尼游玩。

（3）地区

上海迪士尼乐园试运营期间，42.8% 用户来自上海本地，大部分是一线城市人群；正式运营之后，上海迪士尼乐园影响力扩大，更多二线、三线及以下城市的人群受到吸引，但依然有 25% 用户来自本地，可见江浙沪为上海迪士尼乐园的主要辐射区。其目标市场主要是大陆地区，而在一线城市中，相对还是上海和北京人比较喜欢游览迪士尼乐园，但最主要的还是长三角地区的城市。

6. 上海迪士尼的影响

现在香港特别行政区迪士尼乐园处在亏损状态，上海迪士尼乐园建成后，一大部分内地的客流就会选择较近的上海。而且上海迪士尼乐园将建一个比其他所有迪士尼乐园都要大的城堡，这样会吸引更多海外游客来到上海，包括香港和内地的游客。所以，会与香港迪士尼乐园形成竞争关系，也会对本土主题乐园造成影响。引进迪士尼虽然能在一方面促进本土文化的发展，但是对本土的威胁也必定会存在，这就需要本土主题乐园自身加快发展，以及政府对本地产业的保护力度。迪士尼建成后，由于旅客会随之增多，迪士尼周围地区的物价水平肯定随之升高，当地居民生活会受到影响。也会对上海附近的交通造成影响，目前上海公共交通系统很发达，但是也已经很难承受现在的人流量了。时不时会有一两个站点因为客流量过大，为安全因素着想而关闭站点进行修建。

7. 上海迪士尼发展对策

（1）开拓客源市场

从地域而言，上海迪士尼不能只依靠长三角市场，而要依靠全国市场，更需要开拓东南亚市场。要注意在乐园中融入中国特色、上海特点，使之具有鲜明的个性风格，并时刻注意迎合市场需求。从客户群而言，大学生数量日益增多，成为一个新兴的消费群体，他们既有一般旅游消费者的特征，又受文化水平等因素的影响具有其特殊性：大学生群体好奇心强，喜欢新鲜事物，对旅游有着高度的热情，而且休闲时间充裕，消费观念先进，有一定的消费能力。他们已逐渐成为旅游消费的主流人群，就目前旅游业细分市场来看，该市场的开发程度很高，市场潜力十足。

（2）多元化的产品

在娱乐设施项目建设上，差异化更具有吸引力，如儿童乐园的项目，他们一般是以家庭游为主，且喜爱动漫卡通人物，让儿童在游玩的过程中，学习到课外知识；而青年游客，他们需要更大、更高、更快、更刺激、更复杂的娱乐项目；年龄较大的游客则需要比较轻松的娱乐项目，且他们更加喜欢文化旅游，体验中华传统文化的博大精深。在时间安排上，可以推出面向短期度假市场的项目，如今除周末双休日外，还有固定假日，如端午、中秋等。让游客不仅能在寒暑假享受优惠，在短假中也能体验到迪士尼的梦幻之旅。

（3）价格策略多元化

上海迪士尼避免单一票价的消极作用，可以实施低门票价格策略，通过提供多种相关服务增加利润。上海迪士尼适合走平民化定价路线，实现大众消费，这正是利用了我国旅游客源丰富的优势，以此实现增加旅游销售总量的作用。也可以采用捆绑定价法，降价促销也是主题公园经常采用的一种价格策略，这种策略主要针对区域性客源市场。例如：上海迪士尼可以提供预定乐园内酒店就可免停车费的优惠票，甚至在淡季可以推出住宿就送乐园门票的优惠价格，以此来刺激游客延长待在乐园的时间，必然会增加园区内消费。园区内的饭店和纪念品店应采用差别定价法，有定价较高的高档餐馆，也有相对低价的餐馆，游客可选择各种价位的纪念品，满足不同消费水平的游客需求。

（4）采用情感营销策略

公众只有对于迪士尼的文化在情感上认同，才会主动消费。其核心是站在游客的角度去思考如何让游客在迪士尼有一个难忘和美好的经历。其实有很多关于情感营销的策略，例如，以游客的消费能力制定门票价格；员工为游客提供热情周到的服务，甚至包括设计能与游客产生共鸣的广告和举办游客共同参与的活动等。采用情感营销首先应着重于迪士尼内部员工，注重对员工的生存价值及公司情感文化的经营，人性化的员工管理方案能让员工更加快乐地工作。通过情感营销，可以从根本上获得游客和公众的认同，使得他们主动消费，乐于消费，在消费的过程中获得更多的幸福和快乐，从而接受认同迪士尼文化。

（三）浙江宁波象山影视城

1. 象山影视城简介

象山影视城位于浙江省宁波市象山县新桥镇大塘港生态休闲旅游区块宁波影视文化产业区内，总占地面积 1176 亩。以灵岩山为大背景，结合了当地的山、岩、洞、水、林等自然景观，围绕游客体验性、影视趣味性、旅游互动性，打造我国首个实景电影主题乐园。

游客在影城中可亲身体验电影声音合成制作，木偶戏、皮影戏、励志魔幻剧、“天地英雄”情景剧、影视梦工厂体验剧等，一天 36 场轮番上演，免费观看。除了常规演出，过年期间有影视庙会，早春时节有踏青节、风筝节，“五一”“十一”有影视嘉年华，暑期盛夏有万人狂欢泼水节等。

象山影视城共形成了六大功能区：江湖小镇、玄幻世界、星梦工场、武侠天地、唐城、民国城。建筑风格独特，拍摄场景丰富，远可拍秦汉、唐宋时代的场景，近可摄明清、民国时代的风貌。官府、民居、街肆等，不同时代的场景均可在这里入镜；市井、武侠、大战等，不同体裁、不同风格的影视巨片均可在这里拍摄。

新落成的国内首家高科技数字摄影棚，实现了拍摄影像实时合成、同步成像，不受环境、气候、转场等因素的限制，不仅缩短了影视拍摄周期，还极大地降低了拍摄成本，此外，影视城还建成了亚洲最大的水下摄影棚、电影拍摄标准摄影棚，仅在定塘、新桥等地就建成了 62 个标准摄影棚。全国首家高科技数字摄影棚和亚洲最标准的水下摄影棚也已建成投入使用，总面积达 35 万平方米，摄影棚拥有量居全国第一。

作为中国十大影视基地、国家 4A 级景区，象山影视城位于大塘港生态休闲旅游区块宁波影视文化产业区内，建造了中国首个实景电影主题乐园，并且在 2007 年被业内评为“2017 年度旅游景区人气奖”。

许多优秀的影视剧带动了象山影视城的旅游发展。如前些年的《仙剑奇侠传三》《射雕英雄传》，近几年的《琅琊榜》《三生三世十里桃花》《芈月传》《神雕侠侣》《风中奇缘》《轩辕剑之天之痕》《兰陵王》《西游记》《赵氏孤儿》《长江七号》等影视剧。象山影视城从建造至今，经过十余年的发展历程，从交通闭塞的县城到全国影视产业龙头之一，早已成为专业化的电影片场和电影工厂。

2. 发展目标

象山影视城以“场景为表，产业为里，文化为魂”为发展理念，依托现有影视产业集聚优势，推动宁波影视产业价值链拓展从低端向高端转变，加快建设覆盖影视拍摄、制作、出品、交易等全环节影视产业体系，力争把宁波打造成为在全国有影响力的集影视拍摄、后期制作、创作出品、版权交易等于一体的影视之城。争创世界电影之都，进一步丰富拍摄场景类型、提升拍摄接待能力、完善拍摄服务产业链，形成影视摄制工业化生产体系，打造全国一流的影视拍摄示范区。

3. 营销策略

（1）影视 + 旅游

象山影视城通过推出《长安十二诀》和《襄阳奇案》两部沉浸式实景游戏，使象山“唐城”和“襄阳城”成为大型实景游戏现场，其倾力打造的“实景 + 网络 + 游戏”的影视旅游新模式，已成为象山影视城影视旅游的新亮点。《长安十二诀》由游客分别扮演医、商、侠、士、术、捕等职业，根据职业设定，玩家要与角色演员深入接触才能获得闯关线索，然后自行解锁闯关。《襄阳奇案》中，游客可体验 5 个人物的故事剧情，在“襄阳城”内与场景中的真实人物进行互动。在这个过程中，游客不仅学到了历史文化知识，也在景区有了更为新颖的游玩模式。两个实景闯关游戏一经推出，使得影视城瞬间在周边景区中爆红，线上宣传咨询热火朝天，线下景区游客不断。此外，实景游戏在嫁接影视城的旅游资源后，也给景区带来了更多的消费热点。据象山影视城相关负责人介绍，在游戏过程中，游客不仅身临其境地进行了体验，景区也将吃、住、行、购等旅游元素导入实景游戏，成为游戏的重要组成部分。

（2）体验式营销

《长安十二诀》的故事背景，发生在唐城，整个唐城都是游戏场景，根据职业设定，游客要与角色演员深入接触才能获得闯关线索，然后自行解锁闯关。在《襄阳奇案》的剧情发生地，游客通过扫码简单参与，就可体验多达 5 个人物的故事剧情，在襄阳城内参与线上线下的任务，与场景中的真实人物进行互动，最终赢得奖励。象山影视城在国内影视基地旅游行业中率先推出“实景 + 网络 + 游戏”，融合影视特色和传统文史的实景闯关游戏，探索开发出了一条影视基地旅游新模式。实景游戏使游戏和旅游、真实和虚幻实现了深度融合，这个市场的潜力无疑是巨大的，游客完成闯关游戏需耗时一个多小时，参加游戏的过程中，渴了买水喝、饿了买点心充饥，一场游戏下来，游客不仅深度体验了文史与景区，也将消费留在了影视城。

（3）价格营销

象山影视城经过多年的自身发展以及众多知名影视作品的加持，已成为最优质的旅游影视目的地。在价格方面，景区针对不同年龄阶段游客群体做了详细的细分，仅票价就有成人票、儿童票、亲子票、家庭票、学生票、老人票之分，在价格方面有着压倒性优势，单人票价仅 125 元，而横店影视城的票价是它的两倍。除了价格实惠外，它还与许多景点打造套餐联票，例如，与中国渔村、东海半边山等景点强强联合。购买渠道也非常方便，几乎覆盖了官网自营、携程、美团、飞猪、去哪儿等线上购买渠道。

（4）广告营销

象山影视基地依托当下热门影视剧的取景地，锁定目标客户，进行广告宣传，通过在抖音上拍摄短视频获得了一大批原著粉的喜爱。集中在目标受众身上打广告，不仅减少了不必要的广告费用，避免了浪费，还可通过特定目标受众达到快速宣传的效果。2018 年，象山影视城的游客接待量突破了 100 万，门票经营收入达到 1.2 亿元，象山影视城率先提出打造中国首个实景电影主题乐园。改变旧有模式，不同于普通影视基地，在拍完影视作品后供游客参观，象山影视基地基本不改变电影里的布置场景，最大限度还原现场，给予游客实景式、沉浸式的体验，这极大地丰富了游客的体验度。

（5）品牌营销

随着广告传播以及明星效应，象山影视城的旅游品牌越做越响，许多影迷纷至沓来，带动了周围村子餐饮、民宿、洗车、理发、超市等一系列产业发展，影视产业的配套服务逐步建立。随着品牌知名度的提升，借力影视，这座小城的知名度也得到了明显提升。

4. 客户群分析

象山影视城的主要客户群是追求时尚的年轻人，平均年龄在 25 岁，他们热衷于观看影视剧，喜爱影视明星，被影视剧里的剧情所吸引，想要实地去体验影视剧中的情节。象山影视城的游客多数是来自宁波本地或周边城市，其他的游客多来自周围省份，离浙江省距离较远的省份游客人数较少。游客的年龄与到横店影视城旅游的动机有一定的相关性，青年旅游者主要是抱着能够见到影视明星或是打卡影视取景地的愿望来游览象山影视城，而那些年老的旅游者则更喜欢“慢节奏”地游览景区的自然风光，体验景区的文化魅力。

5. 象山影视城 SWOT 分析

(1)优势

象山影视城位于宁波，宁波是东部滨海城市，地理位置独特，山海资源丰富，有独立的象山港，紧邻杭州湾，南邻三门湾。象山半岛有 800 公里沙滩奇石连接的海岸线，约 600 个大小不同形态各异的岛礁，整个地区拥有广袤的海陆地域，有着“海山仙子国、东方不老岛”的美誉。现有的影视城坐落在象山大塘港畔，占地总面积 40 万平方米，周边保持着良好的自然风貌，是一个理想的影视拍摄地建设区域。象山影视城具有较高的市场知名度，目前，已经是省级影视基地，在上海第十届国际电影节上被确认为“中国最具潜力的影视基地”，同时象山影视城已被评为我国十大影视拍摄基地和著名游览区。

(2)劣势

象山旅游产品内容比较单一。象山影视城在进行旅游产品开发中，主要突出的是规模宏大的建筑，旅游产品以静态观赏为主，缺乏参与性和互动性，而且旅游产品中文化内涵欠缺。因为现代游客越来越注重旅游中的体验性、参与性，期望能亲身体验影视剧的拍摄、制作。在这方面，象山影视城可以借鉴横店影视城和无锡影视城，在项目设计上，通过游客参与影视表演，成全游客的“明星梦”，并在产品设计上不断创新，实现动态与静态的结合。象山影视城在发展过程中软件规模不断扩大，影视旅游从业人员较多，但存在从业人员素质不高的现象。很多从业者没有经过专业的训练，基层人员普遍存在服务意识不强、服务技能欠缺等方面问题。

(3)机会

交通方面，动车的开通使宁波旅游的主要客源市场已由长三角逐步向福建乃至珠三角区域拓展。象山港全面建成通车，大大缩短了杭州、上海和宁波的交通距离，为象山带来了更多的客源市场。

影视产业作为文化产业的内容之一，一直以来都得到了相关政策的大力支持。当地影视旅游以特色文化资源为载体,对于提高当地的社会知名度,产生社会经济效益具有重要的作用,政府在发展影视旅游业时采取支持和扶持的政策,为当地影视旅游产业的发展提供了有力的保障。

近年来,随着人们生活水平的提高,休闲度假旅游快速发展,象山良好的自然环境恰逢其时。

浙江省经济发展迅速,是全国经济增长速度最快和最具活力的省份之一,这为象山影视城提供了有利的经济环境。

(4)威胁

象山影视基地位居我国影视基地集群,自从我国旅游业对外全面开放,中外旅游企业各自的竞争优势逐渐体现。由于外资旅游企业具有企业制度、网络化经营和规模竞争的明显优势,在市场竞争中必然会对国内旅游企业的发展形成威胁。在国内,很多影视城人工建筑和经营模式非常相似,造成市场同质化竞争的局面。随着社会的发展和人们生活水平的日益提高,旅游者对旅游产品的要求不断提高,游客在选择旅游产品时更加理性。在旅游活动过程中,游客对旅游产品的参与性、体验性的要求增加,对旅游服务也提出了更多的个性化要求,这使得象山影视城在旅游产品开发过程中的难度进一步加大。

6. 影响

(1)经济影响

影视剧传播在现在这个网络时代是非常简单和有效的。有专家认为,电影外景地是作为艺术形式出现的,它的效果是潜移默化的,由于影视城对游客具有一定的刺激作用,从而增加了当地的旅游人数。随着旅游人数的增加,影视城也为旅游地提高了经济收入,除了影视文化产业,影视城还会有很多相关的服务产业,如影视城周边都会有大量的住宿、餐饮、交通运输行业,如此也带动了旅游地周边产业的发展。虽然象山影视城为象山增加了就业率,但工作人员的专业素质还有待提高,以免影响游客在游览过程中的体验,降低游客的满意度。同时,也要防止影视城打着明星的旗号提高产品的价格、导致周围物价上涨,严重影响当地人民的日常生活和开销。

(2)社会文化影响

游客因为观看过一些影视剧而知晓象山影视城,后又因象山影视城知晓象山，从而了解和感受到象山本体，甚至是宁波本地的文化、思想、习俗、语言等独特的人文魅力。另外，外来摄影组和游客也会在当地进行不一样的文化传播和思想交流，有助于旅游目的地引进新鲜的文化和思想，促进不同的民族文化融合与发展。但旅游者会误把影视城里展示的民俗风情错当成本地的民俗，以至于完全丢失当地真正的文化习俗，失去传播和交流社会文化的意义。

（3）环境影响

旅游形象是旅游者决定是否去该地旅游时的一个重要考虑因素，通常人们在观看影视剧作品的同时都会让自己身临其境、感受其中。而影视城所在地的政府则势必会为了保持旅游目的地的形象，同时也为了吸引更多的游客前往，对目的地的景区景观及时进行修复和重建，包括环境治理和人文保护，以利于旅游目的地的景观美化和环境、人文的保护，同时延长了旅游目的地的生命周期。影视剧剧组在拍摄过程中的灯光、烟雾、车辆运输等都会对环境造成巨大的污染，工作人员也会在休息的过程中制造大量的生活垃圾，若处理不及时会对当地的环境产生消极影响。影视剧近两年的旅游热潮也会引发影视城过度被开发，不仅会影响象山的自然环境，还会直接或间接影响当地的人文环境。

7. 象山城影视城发展策略

（1）充分利用影视城所具有的资源

影视城应充分利用自身得天独厚的资源优势，充分经营品牌，去提升影视城的价值，这将是影视城的最终财富。同时，还应不断提升自身的创造力，尤其创新营销、创新融资模式。以创新推动旅游产品开发，创立互动式、体验式旅游项目，开展演艺类节目，实现静态观赏与动态参与相结合，以利吸引游客。加强企业中高层管理人员外出考察学习的力度，使其增长见识、开阔视野，最终达到有效经营企业的目的。

（2）提升影视城文化底蕴

文化内涵是影视城持久生存的生命力，充分挖掘影视城的民族文化、本土文化，赋予影视城文化之魂。同时，要不断完善影视产业链，推动我国影视产业向高附加值的价值链条攀升；推出更多的文化精品，最终满足人们对美好生活的向往；并使影视城发挥更多的功能，使其真正达到影视产业集群化、影视管理工厂化的效果。

（3）加强区域合作

影视城应学习横店、依靠横店的错位发展路径，打造品牌特色优势。象山影视城应利用横店的带动与溢出效应，实行错位发展，避免在拍摄场景上与横店进行同质化竞争。我国的影视基地多集中于南方城市，江浙一带的影视基地较多，有闻名遐迩的横店影视城，还有成立最早的无锡中央电视台影视基地，象山影视城应加强和周边影视基地的合作，充分提升效率，带来更多的经济利益，最终达到影视合作联盟化的目的。同时，影视城也应加强国际合作，真正做到影视拍摄国际化、影视制作数字化。

（4）在影视城的资金投入方面，应增加民营资金的投入

浙江省经济发展迅速，民营企业较多，这为象山影视城提供了有利的经济环境。在影视旅游市场竞争日趋激烈的情况下，象山影视城应当开展与一些民营企业的合作，以吸引更多的民间资本的投入，用于影视城的经营发展中，这不仅有利于象山影视城的未来发展，还能为民营企业带来更大的经济效益。同时，在体现象山独特价值的同时，要顾及当地普通居民的经济承受能力，只有这样，才能促进旅游目的地的可持续发展。

（5）政府要加大对环境保护的重视

影视城应该加大监管力度，多设置文明标语并及时制止游客的不文明行为；监管部门也应积极地跟影视剧组进行沟通协调，共同维护当地的自然环境和人文环境；而政府应该更加重视影视城的环境修复问题，同时，要提高对环境保护的宣传力度。

（四）东极岛

1. 东极岛简介

东极镇有庙子湖、青浜、黄兴、东福山等大小 28 个岛屿组成，其中住人岛 8 个，常住人岛 4 个，108 个礁，陆域总面积 11.7 平方公里。东极镇位于舟山群岛最东边，距离沈家门渔港大概 45.5 公里，位于东经 122.4°，北纬 30.1° 之间。东至两兄弟屿接东海（12 海里外为公海），南至黄大洋接洋鞍渔场，西至岱巨洋，北至嵊山渔场，陆域面积为 11.7 平方公里，海域面积大概 500 平方公里，共有 28 个大小岛屿和 108 块岛礁组成。

独特的地理位置使得东极岛拥有绝美的风光、丰富多样的岛礁资

源、古朴浓郁的渔家风情、独具魅力的海域特色和深厚内涵的文化底蕴。东极岛四周环海、空气清新、气温适宜、海水清澈，在这里可以体验到渔家的生活。近些年来，到东极岛旅游的游客不断地增多，随着旅游业的快速发展，岛上渔家乐蓬勃兴起。2011 年年底，全镇共有渔家客栈 75 家，床位 1317 张，东极镇先后被评为"省级休闲渔业示范基地""浙江省旅游特色村""浙江省旅游强镇"等称号，并入选"中国十大非主流景点"之首。

东极镇的独特地理位置、让人流连忘返的美景、丰富多样的海岛资源和淳朴热情的渔家人使得东极岛的旅游业有着长远的发展前景，相对旅游时尚来说，简直就是一块尚未开垦的处女地，备受旅游业行家的喜爱。东极山石风光独树一帜，东极海面景况跌宕起伏，东极海洋文化原始清新，是那些过惯了喧嚣城市生活的人们理想的旅游休闲好去处。旅游业的开发，进一步挖掘了渔家文化，特别是带动了东极镇渔民画的发展，现拥有一支有 10 人组成的渔民画创作队伍，渔民画作品多次在省、市乃至全国获奖，"东极渔民画"在国内外和艺术界都享有一定的知名度。

2. 发展理念

"绿水青山经济"，既是生态与经济共同发展，又是最新的"魅力经济"和最大的"潜力经济"。位于东海之滨，即将成为"海上花园城市"的舟山群岛新区，依靠现有丰富多彩的旅游资源，正走在"美丽经济""绿水青山经济""生态文明经济"建设的前列。生态和谐是"美丽经济"和"绿水青山经济"的核心。从生态角度寻找发展的路径和方法，是我国未来经济发展的新思路和新出路，也是舟山作为首个海洋经济主题新区发展的新标准和新要求。因此，舟山的重点发展方向应该是"旅游经济""生态经济""服务经济"。

3. 营销策略

（1）影视 + 旅游

东极岛是电影《后会无期》的拍摄地。故事的大致内容是居住在东极岛上的三个青年，踏上大陆，驾驶汽车一路开向最西的中印边境。东极岛一直是旅游景点，电影上映前，主要是海钓爱好者和周边的游客会去，随着《后会无期》这个电影的热映，影片拍摄地东极岛从比较"冷门"

的旅游目的地，迅速“升温”成热门的旅游景点，吸引了很多游客和影迷到此观光，那些文艺青年登岛观光的心情很是强烈，不少人前往旅行社咨询，更有很多人直接自驾或自由行前往东极岛旅游。前往大海深处的东极岛，交通方式只有一个——从舟山半升洞码头乘坐东极轮，每天只有一班往返，早上 7：45 开始卖票，而且只能买当天的票，8：15 就开船。很多游客为了体验电影里的场景，纷纷前来乘坐东极轮去东极岛游玩，如果足够幸运，游客还能看到在东极轮船艉有一只阿拉斯加犬，这只犬正是在电影《后会无期》当中出现过的。很快，影视旅游的刺激使得小游艇快速涨价。作为著名的电影拍摄景点，2016 年东极岛接待游客超过 17 万人，旅游开发产业融合的趋势非常明显。后来，韩寒在微博上发布了“新一代洗脑神曲”《东极岛之歌》，这个小岛的名字瞬间红遍网络，东极岛上，景区一票难求，成了最近几年的“家常便饭”。东极岛是海岛文化旅游小镇，就地理区位优势来说，它拥有着良好的不可复制的海岛资源，以及依赖于较强的 IP 运营能力，并引入各类电影漫画等文化要素得以快速发展，“影视 + 旅游”带动特色小镇的发展效果非常显著。

（2）文化营销

东极岛作为一座旅游特色小镇，充分利用本土文化特色，进行文化营销，打造特色品牌。东极岛最明显的风情莫过于渔家文化，四周被海洋所环绕，到处都是渔船、渔网、渔港和渔家乐客栈。这里出售的海鲜大多是活海鲜，大排档门口各种不认识的鱼类和甲壳类，晒鱼干，腌咸鱼，吸引着外来游客的好奇品尝。东极岛还有两大特色农家乐：一是跟随当地渔民出海捕鱼，吹着海风，在渔船上品尝海鲜，可谓别有一番风味；二是洋溢着现代气息的东极渔民画受到了各界人士的喜爱和好评，使东极岛成为民间绘画创作基地和渔民画艺术社区。东极岛将渔民画与旅游产业紧密结合，在岛上常年开办名画展，请当地有资历的渔民画家现场作画，让游客在观光旅游的同时，也能够见识到东极岛的本土特色。因为人文资源是旅游区开发建设吸引旅游者到该岛旅游的核心要素，因此，旅游产品开发策略应以品牌为导引，加强新产品开发，调整旅游区内部服务功能，创意设计应更加人性化。

除了渔家文化，东极岛也富有历史文化气息。东极历史文化博物馆位于东极镇庙子湖中街山路，全馆由渔民画馆、民俗民风馆和里斯本丸纪念馆三个系列展馆组成，共有展品近 240 件。展馆地域性浓厚，展品来源于生活，体现了当地人民对生活的热爱，是一座集艺术性、趣味性、知识性、文化性于一体的历史文化博物馆，被外界誉为“最东边的美”。游客从全国各地来到东极镇，来到东极历史文化博物馆，领略东极人民的历史文化特色。

（3）植入式营销

植入影视剧作拍摄是近年来景区推广的一种热门形式，影视植入是打响景区知名度的一种“捷径”。东极岛出现在各大纪录片的画面中：2012年，东极岛出现在中央电视台中文国际频道旅游节目《北纬30°中国行》；2013年，与腾讯合作《书卷·中国》，东极岛美景出现在QQ登录窗口；电影《后会无期》在此基础上，又将东极岛的海上风景展现在观众眼前。因为电影《后会无期》，慕名而来的游客剧增，东极诸岛平时为居民进出岛而设的交通船上到处都是游客，普陀交通运输局为此宣布，每天东极诸岛游客总量将限制在2000人左右，其中上东极岛的游客最多为1600人。

4. 东极岛SWOT分析

（1）优势

东极岛地理位置优越。东极岛拥有独特的地理位置、气候条件，“世界第一曙光”是东极岛非常珍贵的自然资源，并且拥有特殊的地位，经英国格林尼治皇家天文台的测定，千禧年中国大陆地区人居地区的第一缕曙光于2001年1月1日6时43秒44分出现在东极岛，这标志着世界对东极岛“大陆之东极”的称号和人文意义有着高度的认可，使得东极岛的这一自然资源具有了不可比拟的区位价值和极大的纪念意义。东极岛优越的地理条件造就了一批高质量的旅游资源，对东极岛打造精品的旅游品牌和形成旅游发展优势具有重大意义。

东极岛有着浓厚的历史文化底蕴。“里斯本丸”沉船拯救文化、“东极渔民画”文化，“福如东海”“徐福东游”等当地文化让东极岛的名声大噪，同时此岛也是歌曲《战士第二故乡》原作地。众多的历史文化组合成了现有东极的特色文化，底蕴深厚，耐人寻味。

东极岛景区发展前景巨大。东极岛内的“海上布达拉宫”、庙子湖、“天下第一幅”、欧之礁等景区，是避暑疗养、观光度假首选之地，这些自然景观目前并没有充分开发，有着巨大的发展潜力。

（2）劣势

东极岛海上交通一直是舟山旅游发展最亟待解决的问题。随着游客旅游消费观念和旅游市场需求的不断提高，游客不仅希望旅游交通能够安全快捷，更希望有标准化、舒适的服务环境，同时，对于东极岛这个海上观光景点，游客还要求当地旅游开通海上旅游专线。舟山当地旅游相关部门应找准市场需求，及时转变观念，在航线开辟、旅游交通一体化等市场准入方面有所提升。

东极岛旅游产业化程度不高。旅游企业明显表现为“小”“弱”“散”等特征，当地缺少具有全国甚至世界影响力的旅游资源，而且当地旅游企业旅游产品组合设计能力不够高。旅游从业人员总体素质普遍偏低，导致服务质量、产业化程度不高，缺乏市场核心竞争力。

东极岛基础设施不够完善。电力不足，电价过高，交通码头等基础设施老化、落后，接待能力长期处于无法保障正常接待的状态，接待能力和整体旅游功能上的滞后性无法满足旅游人数和旅游需求的增长。由于地方财政不足，政府对东极岛旅游的开发支持有限。

（3）机遇

舟山跨海大桥的开通运行，将在很大程度上提高长三角地区进出舟山群岛的便捷性，为两地的交通提供有力支持。随着连岛大桥全面贯通，东极岛面临着更好的发展空间，旅游发展厚积薄发。近年来，舟山市各级政府加大舟山旅游支持力度，以发展舟山为海洋旅游强市总目标，为舟山旅游发展提供了政策支持。舟山市各区县都已将产业发展政策倾斜旅游，为当地旅游业发展创造了良好的条件，旅游产业进入了前所未有的大发展阶段。

只要加大宣传力度，就能够扩大客源市场，吸引更多市外游客来东极岛游玩。东极岛风景区的知名度也不仅限于舟山市内，每年来东极旅游的游客中，来自其他省市的游客日渐增多。

（4）威胁

区域竞争日益激烈。现如今，东部沿海省份是我国旅游产业发达地区，这些地方拥有优良的服务水平、良好的接待设施、便捷的交通、较完善的旅游管理体制和相对成熟的旅游产品，舟山的旅游业面临着强大的竞争。国家对西部实施倾斜政策，西部省份已将旅游产业作为重点项目进行发展，西部省份高品质的旅游资源也将对东极岛旅游发展构成强有力的竞争。

东极岛虽然拥有一批文化价值高的旅游资源，但由于当地交通状况较差、容易受恶劣气候尤其是台风影响、旅游资源分布不集中等原因，导致其在短时期内难以转化为高质量的旅游产品。

东极景区所在地的居民多是当地渔民，他们环境保护意识薄弱。在景区发展经济利益的驱动下，当地居民在景区内排放废弃污染物，导致景区环境遭到一定程度的破坏。

5. 东极岛客户群分析

（1）年龄

东极岛适合各个年龄段的游客来游玩，小到儿童，大到老人，但主要是以青年人和中年人为主。青年人收入较低，用于旅游上的费用有限，他们向往新奇、另类和刺激的事物，偏爱形式多样的探险型产品。对于中年人，他们有一定的经济收入，消费能力也比较强，一般会带着孩子以家庭为单位旅游，他们主要以放松心情为主。另外，对于老年人，这类人收入稳定且有一定的存款，他们有较多的空余时间，偏爱节奏慢、文化性强、有疗养性的旅游活动。

（2）地域

东极岛游客主要来自舟山市及周边城市，舟山市游客对东极岛比较了解，相对于市外，交通更加便利，他们一般会选择在周末或节假日到东极岛体验捕鱼，看日出。周边城市游客到东极岛游玩相对较便利，他们一般会选择五一、十一等节假日前往岛上游玩，景区可以举办多种活动，吸引周围地区游客前来游玩，提升东极岛知名度，打造旅游品牌形象。对于省外游客，他们对东极岛的认知还比较匮乏，且相对距离较远，所以人数较少，客源地主要集中在东部沿海地区，如长三角、珠三角、京津环渤海等地区。

（3）出游方式

到东极岛旅游的方式一般分为独自旅游、结伴同游、家庭旅游、随团出游。选择独自出游的人一般比较喜欢安静的环境；选择结伴旅游的往往是不喜欢受到旅行社行程的约束，想拥有更多自由活动时间的人，他们主要是年轻群体；选择家庭出游的往往是中年人，他们会在节假日、寒暑假陪同爱人、子女、父母外出旅游；选择随团出游的游客不需要提前准备太多。

（4）市场划分

不同市场的游客，他们的消费倾向也有所不同，景区应该有针对性地进行市场营销。对于高端市场，他们消费档次高，旅游时间长，旅游倾向主要为度假、避暑、疗养、科考、探秘；中端市场以中青年为主，其次是一部分家庭收入较好的大学生、中学生，他们的消费特点是：有追求，肯花大量的钱用于旅游，停留时间较长，充分利用假期出游；低端市场群体一般以中老年和一些大中学生为主，青年占一定的比例，其消费特点为人数多、消费水平较低、停留时间较短、购买力弱，出游倾向以观光旅游为主，并参观民俗风情表演。低端市场游客虽然消费水平低，停留时间短，但仍占有大量的旅游市场，因此，东极岛旅游在发展中应以大众市场为主体，适当发展中高端市场。

6. 东极岛发展策略

（1）制订详细的旅游发展计划

由于东极岛开发项目内容单一，参加旅游市场竞争的能力还不够强。因此，要加快制订一些开发旅游项目的详细政策，通过这些政策，明确发展目标、产品构成、开发重点等内容，合理整合资源。另外，东极岛上有很多渔家乐，因此可以制订渔家乐旅游发展规划，发展“休闲、娱乐”的功能，突出渔家乐旅游的“渔”和“乐”特色。

（2）加快基础设施的建设

目前，东极岛旅游资源处于初级开发阶段，交通、住宿等设施均无法适应日益增长的客源需求，必须根据旅游资源分布状况，结合当前游客消费水平，配套相关基本旅游设施。例如：缓解交通压力。海上交通可在现有基础上适当调整往返时间，延长游客在岛上的游览时间，改善住宿条件。要从适应旅游市场需求出发，建造适合游客休闲度假的设施，切实提高经营管理水平和服务质量；建立合理的消费市场，每样商品必须有明确的指导价格；重视环境的保护，首要任务是建立一套完整的废物处理体制，建设完善的废物处理系统。

（3）提升旅游品牌形象

打造一些招牌式的旅游景点：东极岛具有得天独厚的资源环境，旅游开发必须突出自身不可模仿、不可复制的特点，通过打造最具特色的旅游产品吸引国外游客。要充分挖掘东极岛的自然和独特的人文景观等特征，结合市场对旅游产品的需求变化来开发。例如：充分挖掘海上垂钓等娱乐项目，以及可以围绕“里斯本丸”号事件做一些文章，开发一套游览方案。

(4)提高当地旅游服务人员的整体素质

当地旅游服务人员大都是本地的渔民,他们的文化素质不高,服务意识较弱。旅游服务人员作为与游客直接接触的人,他们所代表的是整个景区的形象,而不只是他个人的形象。景区或当地旅游组织应定时安排员工培训,提高工作人员的服务意识和服务质量,宣传企业文化,提升他们的企业忠诚度,在服务游客的过程中,给游客留下宾至如归的感觉。通过提供优质的旅游服务,使当地的品牌形象不断深入人心。

二、南部地区

(一)海南三亚(亚龙湾热带天堂森林公园)

1. 目的地简介

亚龙湾热带天堂森林公园,位于海南省三亚市的亚龙湾国家旅游度假区,总面积约1500公顷,是海南省第一座国际一流的滨海山地生态观光度假型森林公园,其有着丰富的生物资源、地理资源和人文资源。亚龙湾热带天堂森林公园被誉为是离城市最近的天然森林氧吧,这里的一切建设更加贴近自然。亚龙湾热带森林公园的森林植被类型为热带常绿性雨林和热带半落叶季雨林,有着丰富的多样性,植物133科1500余种,森林结构复杂,季相变化多姿多彩。主峰红霞岭以及飞龙岭、竹络岭、龙头岭、青云岭250米海拔以上区域有非常优越的雨水和光照条件,使其发育成良好的热带常绿性雨林。2016年,国家旅游局和原环保部拟认定海南省三亚市亚龙湾热带天堂森林公园为国家生态旅游示范区,其地理、生物、水文、天象、人文资源丰富多彩,景观建设极大地展现生态自然,可开展野外拓展、登山探险、养生度假、休闲观光、民俗文化体验、科普教育等多种旅游活动。公园内的盘龙洞、飞来石、飞龙石、千里亭、发财树、升官石、仙人脚、龙门石、穿空索桥、荔枝园、空山亭、雨林栈道等数十处新奇景观已开发完成。森林公园内建的五星级鸟巢度假村热带天堂,共有客房和独栋别墅共210间套,其度假村建造有着独特的风格,配套设施设备高端完善。亚龙湾热带天堂森林公园一直秉承“在保护中开发”的原则,让生态在开发中得到最大的保护和还原,园区生态优美、景观奇特,形成了“海景、山景、林景、石景”自成一体又相得益彰的美妙景观，景区内 5km 的山地栈道让游客充分领略热带雨林的原始风情。

2. 营销策略

（1）影视旅游

亚龙湾热带天堂森林公园作为电影《非诚勿扰 2》的拍摄地，吸引了很多游客专门从全国各地来到这里感受电影中出现的景点。大多数影视导演都认为三亚得天独厚的自然风景是最佳的影视拍摄地。例如：知名导演冯小刚对海南岛情有独钟，他和姚晨这些影视界明星的参与，大大提高了当地旅游的名气。通过冯小刚对亚龙湾热带天堂森林公园广告式的宣传，从而引发了观众和游客对三亚这座热带滨海城市的关注，扩大了影视旅游目的地的影响力。电影《非诚勿扰 2》在春节长假初上映时，亚龙湾热带天堂公园景区平均每日接待游客量较往常增加了 9000 人次，当年该景点的游客量达到了 5700 多万人次，同比增长了 69.65%，接待人数和旅游收入均大幅增长。亚龙湾热带天堂森林公园是典型的利用文旅 IP 打造知名度提高游客认知度的景区，影视旅游目的地目前正处于产品多元组合发展阶段，主题商业通过文创商品的开发与旅游产品的结合增加收益，扩大影响。利用主题娱乐和影视主题作为吸引游客的产品组合，能让观众有置身森林，亲近自然的感觉。电影《非诚勿扰 2》对景区客源市场显示出了强大的号召力，可见电影对景区的旅游市场带动效应之大。

（2）体验式营销

①婚庆 + 旅游

2013 年 1 月，原海南省旅游委、省旅游协会同海南岛十全十美婚庆产业联盟在海南三亚亚龙湾热带天堂森林公园鸟巢度假村发布以“天作之合”婚庆为主题产品，共有 3 个系列，10 大蜜月婚庆套餐，同时还公布了该景区的 10 大婚纱取景地点。

亚龙湾热带天堂森林公园通过电影《非诚勿扰 2》吸引恋爱潮，打造和发展婚庆 + 旅游等一系列旅游产品，情侣们在这里可以领略山海结合的美景，同时，在电影《非诚勿扰 2》的取景地体验秦奋和笑笑的爱情故事，在景区无与伦比的自然环境中感受度假的放松，享受爱情的甜蜜。套餐针对情侣的不同需求提供不同的优惠，例如，“美丽新娘”系列套餐在新人入住期间，免费提供时长 3 小时的婚礼教堂和草坪来举办婚礼；“冒险家伴侣”套餐可以免费为情侣提供一次滑索体验和一次帆船体验；“金银甜蜜又健康”套餐为银婚25年、金婚50年的夫妇提供免费的三亚301医院双人身体检查。体验任何一个套餐的情侣或夫妇都能免费体验过江龙索桥、免双人森林公园门票的优惠。

2017年举办的首届三亚亚龙湾热带天堂森林公园“非诚勿扰·相约爱情”欢乐情人节活动，针对新人们推出不同的优惠活动：在森林公园举办定制森林主题的套餐婚礼和婚礼仪式；推出森林公园求婚套餐、定制婚礼套餐、婚纱拍摄套餐、烛光晚餐，并打造由三亚媒体人和婚庆人共同参与的星光晚宴，将“非诚勿扰·相约爱情”欢乐情人节活动打造成为具有景区特色的品牌活动，展示和推广景区的婚庆文化和资源优势，形成体验式营销体验式传播，通过对旅游形象的打造、产品组合的营销，吸引了无数的新婚夫妇选择来海南三亚度蜜月，让这里由影视旅游目的地向国际知名的婚庆旅游目的地转型发展。

②体育+旅游

亚龙湾热带天堂森林公园加快了景区“体育+旅游”的布局，相继推出了“悍马鲨国际赛车”“雨林魔幻迷宫”等多个“体育+旅游”的娱乐项目。同时，凭借独特的热带雨林环境，开展例如野外拓展、登山探险、养生度假、休闲观光、民俗文化、科普教育体验等多种旅游活动。亚龙湾热带天堂森林公园还推出了“梦幻雨林精灵跑”主题赛事IP，打造大众都可参与的“体育+旅游”活动，填补了海南雨林趣味赛事的空白。数百位来自全国各地的奔跑者将共同走进森林公园，寻找遗失秘境中的同类，探索热带雨林的奥秘，邂逅隐藏于世界之外的神秘。更令人感到惊喜的是，海南首条全海景玻璃栈道也向参赛者开放，给参赛者一种不一样的体验。“体育+旅游”的新模式为海南岛旅游转型升级提供了重要突破口，使健康文明的生活方式蔚然成风，为健康旅游的发展提供了宝贵的经验。

（3）新媒体营销

现如今，随着社会现代化脚步的不断推进，传统媒体已无法满足当今时代信息快速传播的需求，新媒体的产生和发展是对传统媒体的传承和更新，新媒体取代传统媒体是一种必然结果。新媒体可以容纳各种各样的信息，同时还能推出一些新兴媒介，如微信、微博和抖音，被称为“两微一抖”。亚龙湾热带森林公园的微博粉丝量7.4万，这足可反映出，微博潜在用户巨大，有很大的发展空间。景区经常给一些知名的博主和微博大V一定的回报，让他们拍摄相关视频，借助他们的影响力来扩大景区的宣传，从而达到吸引游客的目的。除此之外，抖音已经成为年轻人接收信息的重要手机App，2020年抖音使用人数突破四亿人，由此可以看出，抖音用户基数大，增长速度快，亚龙湾热带天堂森林公园景区入驻抖音，截至2020年2月，已拥有10.5万粉丝的数量。通过网络社交平台发布旅游信息，可以很快将信息传递到各个地区，实现在线推广。旅游企业需要利用新媒体强大的传播能力，再结合景区的实际情况制定市场营销策略，为旅游景区的发展注入更加强劲的动力。旅游企业紧跟新媒体时代潮流，抓住机遇，扩大景区宣传，提升品牌影响力。

（4）网红打卡地

三亚亚龙湾热带天堂森林公园曾经是电影《非诚勿扰2》的主要拍摄取景地，以热带雨林风光最为出名。电影上映后，热带天堂森林公园一度成为“网红景点”。

①全海景玻璃栈道

大佛石全海景玻璃栈桥全长418米，最宽处10米，围绕世界最大天然弥勒石佛建造，位于海拔450米的亚龙湾热带天堂森林公园山巅之上。其为180° 全海景玻璃栈桥，包括心心相印、山盟海誓、彩虹之路、采莲望佛台、七彩天梯、凌空台等景点。栈桥路面全部使用超大单体透明玻璃铺设，在栈桥上行走，可以领略“天下第一海景”——亚龙湾，站在玻璃栈道往下看，脚下是丛林深谷，还可享受凌空的刺激和快乐。

②鸟巢酒店

电影《非诚勿扰2》剧中有一场男主角和女主角试婚的戏，他们的主场景试婚房就是在山顶的一栋鸟巢度假屋内，该房间是建在山顶悬崖峭壁之上，房间外形以海南热带雨林船型屋为模型，远看好像一个个鸟巢，里面的住宿设施是五星级的，如今该房间不对外展示，只提供住宿。酒店提供餐饮、SPA等服务。邻近酒店东区的“千年日出揽胜台”是欣赏日出的绝佳位置，想看日出的游客可以选择在这里入住一晚。最绝的是该房间旁边的悬崖峭壁上还开发一个私人游泳池，剧中秦奋和笑笑谈情的地方就在这里。电影公映后当月，景区的人间天堂鸟巢度假村客房即全部预定。每年春节期间鸟巢度假村的整体房价迅速上涨，住在度假村，便身处电影面朝大海，背靠青山，四季花开的美景之中，在房间里闻草木香，听小虫鸣叫，格外浪漫。

③过江龙索桥

电影《非诚勿扰 2》中，舒淇一人走在长桥上的海报就是在这里拍摄的。它横跨两山之间，全长 168 米，离地近 40 米，是海南目前跨度最长、离地最高的铁索桥。走在索桥上，近处是山峦起伏，远处则是辽阔的大海，各种鸟儿在身边鸣叫，花香在身边围绕，所谓"天堂"，名副其实。如今这里已是青年男女爱情表白之圣地。

（5）植入式营销

影视植入式旅游广告是影视旅游的特殊模式。影视植入式旅游广告的定义是将景区品牌或旅游产品植入电影、电视剧中以达到营销的目的。根据植入式旅游广告的呈现模式可分为三个模式：视觉植入、听觉植入、视觉和听觉混合植入。以三亚亚龙湾热带天堂森林公园为例，主要在一些影视或者综艺节目中采用视觉植入的方式展现在观众的眼前，其优美仙境般的景色给观众留下了深刻的印象。

电视剧《亲爱的，热爱的》把三亚许多著名旅游景点和酒店作为拍摄地，这些景点经常出现在荧幕中，且长时间停留，不断地加深这些景点在观众心目中的印象。剧中两个主角韩商言和佟年一起走的情人铁索桥，就是亚龙湾热带天堂森林公园里的过江龙索桥，索桥飞跨在两山之间，长 160 余米，最高悬空处有 48 米，为海南第一铁索吊桥，走在桥上惊险刺激，站在索桥上望去，可以看见山间风景如画，草木繁盛，青翠欲滴，桥两头有林间石径。电影《非诚勿扰 2》也曾在这里取景，可见这个森林公园的魅力真的很大！这些影视剧中的场景，以一种潜移默化的方式展现在观众们的眼前，让观众们向往，渴望到真实的现场，去体验在影视剧中当主角的感受。

浙江卫视拍摄的纪录片《爸爸回来了》，受到全国各地观众的关注。其中有一期记录了体操世界冠军李小鹏一家三口在海南三亚亚龙湾热带天堂森林旅游区快乐畅游森林时尚景区的情景，记录了李小鹏携手女儿奥莉和爱人一家三口快乐地体验了长达 168 米的过江龙索桥，一家三口边过桥边向烟波亭上的游客们招手致意。随后，李小鹏一家三口又乘坐游览车一路游览到山顶公园上，并登上了南海第一楼——沧海楼上俯瞰亚龙湾的美景，夏日的山顶公园格外清凉，山风阵阵，海天一色，景色宜人。此时正好是游客高峰期，当得知浙江卫视《爸爸回来了》栏目在景区拍摄时，引起许多在场游客的围观。现在越来越多的人，尤其是年轻人喜爱看一些综艺节目，这期《爸爸回来了》的播出，除了展现李小鹏一家人的游玩场景外，同时，也展现了亚龙湾热带天堂森林景区的特色景点和热带雨林风光，由于夹持“明星效应”的光环，景区吸引了一拨又一拨的游客到此观光。

3. 亚龙湾热带天堂森林公园SWOT分析

（1）优势

旅游资源丰富。三亚，地处热带地区，中国最南部的滨海城市，是海南省南部的中心城市和交通通信枢纽，是中国东南沿海对外开放黄金海岸线上最南端的对外贸易重要口岸。亚龙湾热带天堂森林是按照国家森林公园规范要求开发建设的三亚市第一个森林公园。

区域开发优势。海南省旅游资源比较优势主要体现如下：海南省是中国旅游业改革创新的实验区、全国生态文明建设示范区、是世界一流的海岛休闲度假旅游目的地、国际经济合作和文化交流的重要平台、南海资源开发和服务基地、国家热带农业基地。

交通优势。无论是乘坐航空还是乘坐高铁，都极为方便，三亚开通了多趟列车，东环高铁就大大解决了海口与三亚的交通问题。另外，琼州海峡跨海大桥的修建，以及海南省高速公路的免费通行，都进一步激发了人们来海南旅游的热情。

（2）劣势

气候原因导致人流量骤减。三亚夏季潮湿且闷热，白天温度较高，而且在这个季节也是台风的高发期，台风不仅影响旅游区的设施使用，还存在着一定的安全隐患。

硬件设施不达标。亚龙湾热带森林公园已达到国家4A景区的标准，但其中很多硬件设施还未达标。道路的坡度过大导致部分小排量私家车无法正常行驶，雨天的道路十分光滑，电瓶车急需经验丰富的司机，新手会导致交通事故。景区内部缺少座椅、岗亭等，由于景区范围大，面积广，通常要走很远才有休息厅，也给旅客带来了不便。

旅游产业结构和布局不合理。旅游区内吸引游客的产品空间小，滑索与吊桥的另外收费令人望而却步，饭店、商店稀少且过于昂贵，对于旅游区来说，贩卖饮品与小吃的饭店、商店尤为重要，但旅游区内不仅缺少应有的设施，而且昂贵的价格令人无法接受。

海南省是个地广人稀的地域，外来居民远大于原住居民，外来居民又多从事高端产业，只剩下海南本地一些文化水平较低的居民服务。他们对于国际旅游岛的概念认识不足，从业人员不仅外语能力弱，在对待游客方面也缺少服务意识。

4. 亚龙湾热带天堂森林公园客户群分析

在亚龙湾热带天堂森林公园游玩的游客中，女性人数略高于男性青年人和中年人。这表明参与影视旅游活动的人群中，年轻女性更喜欢一些爱情影视剧，为此，专程从全国各地到爱情主题的影视剧拍摄地游玩。其中还有一部分是年轻的情侣和夫妇，他们来三亚度蜜月，享受情侣时光。来景区游玩的游客中，高中学历以上的人数较多，热带天堂森林公园的游客中大专以上学历者所占比例较高，初中及以下文化程度者较少。一方面，初中及以下文化程度的游客大多是年龄较小的学生，他们可自由支配的休闲时间较少；另一方面，这部分人群没有足够的经济能力投入到旅游中，他们一般是以家庭游为主。游客中，家庭中、高收入者居多，这部分游客有一定的经济基础，且拥有较多的可自由支配的休闲时间，更重要的是，他们不仅来景区欣赏热带雨林的风景，更渴望能够体验到优质贴心的旅游服务。

5. 影响

虽然通过电影的推广，这里有了一定的知名度，但还有很大的提升空间，比如，优化快速旅游交通路线，联通旅游通道，融入环岛公路建设，完善旅游交通网，大力发展旅游交通租赁，构建覆盖全省旅游景点的租车服务体系，满足自驾游客旅游的需求，提升旅游目的地公共服务设施，创建最美公厕，建设更趋合理的游客集散中心等。此外，还要加强旅游人才的保障，规范旅游市场秩序，加强文明旅游。

未来影视旅游目的地的主要发展方向，可以通过高科技技术，如VR 技术、视频娱乐体验角色扮演等，以增加产品组合对游客的吸引力。

6. 亚龙湾热带天堂森林公园发展对策

（1）加大宣传力度

海南拥有丰富的森林旅游资源，如何能够脱颖而出，宣传手段必不可少。亚龙湾热带天堂森林公园，应该继续进行一些宣传片的录制，通过网络以及电视传媒对森林公园进行大力宣传。景区还可以开展各种各样的活动来吸引旅游者，结合“节日效应”，开展相关活动，并在官方微博与微信公众号积极推广。还可以结合“名人效应”，积极与旅游明星合作，借力他们的官方微博和微信公众号进行广泛传播。

（2）旅游开发与环境保护相结合

要最大限度地保持森林的原生态和地形原貌，因山就势、因地制宜，房在林下，屋在树中。同时，对原先已遭人为破坏的植被，要进行逐年的人工恢复和抚育，使林木更为茂密、林相更加多姿多彩。发展旅游经济，不能以破坏景区环境为代价，要做好景区的容量规划，确定景区的最大游客容纳量，避免发生超容量游客对景区造成伤害，使景区的开发可持续发展。

（3）注重人才培养，提高从业人员整体素质

任何一个产业的发展都离不开人才，景区也应该借鉴一些优秀的培训方法对现有人员进行培训，为员工提供更多的学习机会，也可以通过与当地旅游协会合作，定期为一些基层的员工做一些服务培训。还可以通过人才引进的方法，吸引一些“候鸟”旅游专家和学者到海南发展。景区应积极与当地高等职业教育院校进行校企合作，通过一些奖励手段鼓励员工考取技能证书，激励员工提升学历。

（4）做好游客安全措施

森林公园中的道路大多比较崎岖且坡度比较大，为使游客能深入大自然、更好地感受森林带给自己的气息，建议景区应设立安全公告牌，提醒游客注意安全，并在不同地点布置安全工作人员以保证游客的安全。

（二）中华人民共和国香港特别行政区

1. 香港特别行政区简介

香港特别行政区，作为全球第三大金融中心，与纽约、伦敦并称为“纽伦港”，有“东方之珠”“美食天堂”“购物天堂”等美誉。香港特别行政区地形主要为丘陵，平地较少，约有两成的土地为平地，主要集中在新界北部，分别为元朗平原和粉岭低地，都是由河流自然形成的冲积平原，属亚热带气候，全年气温较高，年平均温度为22.8℃。夏天炎热且潮湿，温度约在27 ~ 33℃；冬天凉爽而干燥，但很少会降至5℃以下。香港特别行政区处于潮湿的亚热带环境，径流丰富，地表水系发达，但水系作用范围有限，无大河流。香港特别行政区不仅是一个繁华的金融中心，还是一座影视之城。“香港电影”留下太多的经典银幕之作，留

下太多人文情怀，还留下了一个个充满回忆的电影取景地吸引无数港片迷前去打卡。通过“香港电影”，我们可以看到另外一个世界，有很多电影在香港特别行政区取景，例如，《新警察故事》《喜剧之王》《志明与春娇》等经典电影。还有一些国外的电影也将香港特别行政区作为影视取景地，例如，《攻壳机动队》《变形金刚 4》《环太平洋》等好莱坞大片。从电影的类型来看，“香港电影”呈现出多元化、国际化、商业化的特点，类型丰富多样，更具开创性。另外，香港特别行政区的迪士尼主题乐园也吸引着国内外的游客前来观光旅游。因香港娱乐业高度发达，在酒店邂逅明星是家常便饭，也成为近几年赴港内地游客发朋友圈的一大亮点。

2. 香港影视业发展史

“香港电影”（Hong Kong Film）是指在香港特别行政区制作发行的电影，是华语电影的先驱者。“香港电影”始于 1913 年的首部电影《庄子试妻》。第二次世界大战后，大批内地电影人才及资金南下，回归前的香港先后成立多家电影公司，令粤语片在 1950 年异常繁荣，1949 年开创的《黄飞鸿》系列电影，连拍 60 多部，成为世界史上最长寿的系列电影。有一段时期，东亚各国政府一度只容许“香港电影”进口，令回归前的香港享有“东方好莱坞”之称。每年 3—4 月间举行的“香港国际电影节”及“香港电影金像奖”，是香港电影界每年一度的盛事。

3. 发展目标

香港电影人看重与内地的合作，合拍出高质量的电影，再努力进军国际市场。与内地合作拍摄高品质的合拍片，只是华语电影国际化的第一步，华语电影想要进军全球主流市场，还要在语言和明星阵容选择上下功夫。以旗舰影业为代表的电影新力量看重香港这个电影平台，加强国际合作，推动中国电影真正地走出去。

4. 营销策略

（1）影视 + 旅游

香港特别行政区是集购物、美食、玩乐于一体的完美城市，同时也是港剧、港片、港乐迷必去的打卡胜地。从香港影视剧发展到如今，已经涌现出众多的优秀作品，给当代人心中留下了深刻的印象，与影迷结下了不解之缘。很多人从全国各地赶来，在影视拍摄地打卡留念。

在距离雪厂街仅一步之遥的地方，有一处 TVB 剧集热衷于取景的胜地，被港人亲切地唤作煤气灯街。煤气灯街并不是这条街道的真名，只因街道两旁高耸的煤气灯而得名，这些可是十足的文物。这条街的大名为都爹利街，它虽是一条非常狭窄而不起眼的街道，但却因为电视剧、电影常在此取景而为人们所熟知。《喜剧之王》里，柳飘飘踏着轻快的步伐从这里的台阶上走下。可以说这条街道是一众香港影视作品的缩影，你总能在这里找到属于自己的那部心仪的影片。

铜锣湾是香港人尽皆知的地方，《古惑仔》系列电影就是以铜锣湾骆克道的十字路口为主战场实地拍摄的。很多游客不远万里来到这里感受电影中铜锣湾的魅力。

"香港警匪片"在中国内地很受欢迎，喜欢"香港警匪片"的观众最熟悉的地方就是油麻地警署，油麻地警署是"香港警匪片"的一个符号。油麻地警署不仅仅在电影《夺命金》中频频出现，更是在"香港警匪片"中成为众多影迷的心中圣地。现在的油麻地警署已经关闭，不再作为警署使用，但是却是报案中心之一，同样也是游客影视拍摄地打卡的必去之地。

（2）主题 + 旅游

香港特别行政区迪士尼乐园位于新界大屿山竹篙湾，占地 126 公顷，来往迪士尼乐园有巴士和地铁专线，交通发达，服务体系健全，是中国第一个、全球第五个迪士尼乐园。迪士尼乐园内设有梦想景区美国小镇大街、探险世界、幻想时间及明日世界，在乐园内还可以寻找到迪士尼的卡通人物米奇老鼠、小熊维尼、花木兰、灰姑娘、睡公主等。除了迪士尼景区，还有迪士尼乐园酒店，两间主题酒店结合奇幻、刺激及惊险。值得一提的是，在迪士尼好莱坞酒店中可以捕捉到制作电影时的有趣元素，别具一格的迪士尼好莱坞酒店楼高 8 层，拥有 600 间客房，集食府、商铺、酒廊、游泳池、购物商场、游戏室及一个犹如一张洛杉矶地图一样的花园中庭为一体，里面设有好莱坞著名的街道、建筑物及标志。

（3）节事营销

位于尖沙咀海滨长廊的星光大道是香港特别行政区最新的热门旅游景点之一。从香港艺术馆旁伸延至新世界中心，大道全长 440 米，旨在表彰幕前巨星和幕后的电影工作者，记录香港电影业的发展史。在星光大道上，每一位获得表彰的电影界杰出人物都将获得一块牌匾，目前除了部分已故的电影界人士之外，包括李连杰、张曼玉等巨星在内的大部分明星都已经在牌匾上留下了各自的手印及签名，许多游客也纷纷到这里与他们的偶像近距离接触。星光大道入口处还设有金像奖铜像及一个小舞台。大道沿途有小食亭、纪念品小卖亭、一些与电影相关的雕塑以及供游人休憩的座椅。在星光大道漫步，游客可以从容地欣赏著名的维多利亚港景色和沿岸的特色建筑物，还可以欣赏维多利亚港最新的多媒体灯光音乐会演“幻彩咏香江”。整个公园铺砌了粉红色的阶砖路，有超过 100 盏街灯照明。星光大道设有香港电影金像奖雕塑和多个销售站，让游客选购林林总总的电影精品。

“ILMART 香港国际影展”是亚洲最大国际影视娱乐作品交易市场，拥有着全球第二的市场规模。2018 年 3 月，在影展期间，新片场影业举办了“互联网影视内容的发展与未来——新片场影业 2018 战略发布会”。新片场影业作为新片场集团旗下的以制作、投资、发行、营销、艺人经纪业务为主的影视娱乐公司，主要出品和发行网络电影、网络剧、院线电影等影视内容；依托于新片场创作人社区，发掘培养优秀年轻创作人，出品年轻人喜欢的影视作品。2018 年，新片场影业战略主打“五强联合”的互联网影视模式，即以“强艺人”“强平台”“强网生”“强制作”“强 IP”的模式构建多元化的新一代互联网影视生态。“强艺人”所带来的明星效应除了可以为电影吸引流量外，艺人本身所带的品牌标签符号也可以对垂直受众产生直接的引流作用。

（4）新媒体营销

在激烈的竞争环境之下，除了重视产品质量，拒绝盲目跟风、粗制滥造之外，更要抓住年轻人的视线，通过新媒体嗅觉精准营销。香港新片场影业的宣传团队通过科学的营销策略、社群化的营销法则、加上多元的渠道铺设，催化优质的产品内容与垂直受众需求之间的反应，推动了一系列优秀作品在票房市场上的升级，实现票房口碑双丰收，真正实现内容市场上的“品牌溢价”。此外，新片场在短视频行业的优势也灵巧运用在了影视市场。网络电影营销和短视频的结合，可以有效抓住互联网用户碎片化的使用时间，在视觉和听觉双重维度上激发受众的观看欲望，最终达到不断扩大影响的受众群引流作用。

（5）体验式营销

为推广多元旅游体验，香港特区政府支持以电影为主题的旅游产品，例如由资深影评人和土生土长的影迷担任向导，带领游客参观港产粤语电影的拍摄场地。香港特别行政区旅游发展局近年积极邀请国际性和区域性的电视频道及著名电视节目来港取景，同时利用客源市场的电影或电视节目进行景点宣传。例如2015年与内地电影《港囧》合作，联同电影公司、香港本地景点及旅行社，推出含有电影取景地点的香港特色旅游线路。提及旅游业的区域合作，香港特别行政区已与广东省和澳门特别行政区合作，推广包括香港特别行政区在内的珠三角地区的外景拍摄及电影制作服务，以此吸引海外摄制团队在珠三角区内取景，将区内旅游景点推广到海外。多元化的旅游产品、具有港景特色的旅游线路，将有助于香港特别行政区电影业及旅游业的发展。

5. 客户群分析

（1）游客年龄和性别

具有一定经济基础，且追求时尚的26~35岁用户是赴港旅游的主要人群，占比达37%。与此同时，消费能力较强的女性用户一直是赴港旅游的主力军，占比达到63%。

（2）客源地

北京、上海、南京、广州、深圳、天津、武汉、杭州、成都、东莞等城市消费者最爱赴港旅游，其中，广州、深圳的游客因与香港地理位置相近，成为香港旅游客源地的主力军。

（3）出游时间

香港特别行政区因具备交通便利、玩法多样等特点，出游高峰期基本与内地节假日安排成正比，每年的5月、7—8月、10月等假期集中时段是内地游客赴港游玩的高峰时段。同时，因香港特别行政区对中华传统文化的良好继承与发扬，每年春节选择赴港体验传统民俗的游客也不在少数。

（4）出游频次

香港特别行政区几乎位居出境目的地复购率之首，正因为内地游客赴港出游的需求越来越碎片化和多元化，使得一年内多次往返香港与内地成为可能。最近一年，赴港旅游两次以上的用户，占赴港出游总人数的14%，即大约7名游客中，就有1人每年赴港2次以上。

（5）出游方式

虽然香港特别行政区流行“二次消费”，却是“独行侠”的天堂，超过 30% 的游客选择独自一人前往香港旅游。常规 2 人同行及 3 人以上的游客占比分别约为 20% 和 50%。

6. 香港 SWOT 分析

（1）优势

香港特别行政区政府商务及经济发展局将通过"电影发展基金"预留约 2.6 亿港元，推出五项主要措施，以增加香港电影制作、培育年轻导演和编剧人才，并加强专业培训，协助业界走过艰难时期，重新启动香港电影业。这四项主要措施分别是"薪火相传计划""电影制作融资计划""剧本孵化计划""首部剧情电影计划"。相信通过这些计划的实施，"香港电影"将会再展雄风，并带动香港旅游业的发展。

（2）劣势

香港特别行政区地域狭窄，旅游资源相对不足，旅游市场接待能力有限。大量的游客赴港游玩，加重了旅游接待的负担。而旅游业成本高昂，使得当地旅游产品物价较高，无法满足经济型游客的旅游需求。

（3）机会

旅游业是朝阳产业，正处于行业发展上升期，将具有良好的发展前景。香港特别行政区可以借助其得天独厚的自然旅游资源和人文旅游资源，吸引更多的影迷和游客前来观光。随着内地赴港旅游市场的进一步放开，广东省居民和更多的城市居民个人赴港旅游业务的开办，使得内地游客呈现高速增长。

（4）威胁

内地与海外直航线增多，使得以前许多需经香港特别行政区转乘内地的游客减少，这一过程会随着内地对外交通的快速发展而更为普遍。内地和周边国家地区旅游市场的兴起，将形成对香港特别行政区旅游市场的强有力竞争冲击。内地影视业不断地发展，拍摄出许多优秀的影视作品，因此出现大量的影视旅游目的地。

7. 旅游发展策略

（1）增加行业服务水平

加强政府引导，培养高素质从业人才，增强行业自律，树立良好的国际形象。因为旅游业属于服务业范畴，是为游客提供休闲和娱乐的行业。游客关注的不仅是能否欣赏旅游景点，更重要的是从旅游活动中获得身心层面上的享受。良好的旅游服务质量能够增加旅游价值,使游客身心愉悦,游客重游率高。特区政府要加强行业管理,完善行业立法,反对行业垄断,协调服务,促进市场竞争。

(2)进一步简化入境手续

简化入境手续,提高游客旅游价值,吸引来港中转旅客。个人游已经成为国际旅游业发展的新潮流,加快开放内地个人赴港游,简化通关手续,将极大地吸引大量内地游客。

(3)加强与内地旅游业和影视业的合作

香港由于地域狭小,旅游资源有限,加强同内地特别是粤澳港旅游业合作将显得十分重要。广东历史悠久,旅游资源种类较为齐全,自然景观繁多,文化景观丰富;澳门博彩旅游业发达,中西文化合璧。发展"粤港澳大三角旅游区",建立区域旅游市场,将能实现资源共享,优势互补,扩大香港特别行政区旅游业发展空间与旅游腹地,提升香港特别行政区旅游内涵,延长和促进游客在港逗留时间和消费。香港特别行政区影视业较为发达,而内地作为一个巨大的市场,是香港特别行政区影视业的一个机会,也是香港特别行政区影视旅游的一个机会。加大与内地影视公司的合作,拍摄一些极具吸引力的影视作品,不仅开拓内陆市场,更要走向全球,吸引国际游客的眼球。

(4)增强经济活力

购物和美食一直是赴港游客的最大消费项目,其中购物占香港特别行政区消费市场比重一般都在50%以上,可见其对香港特别行政区经济发展的重要性。继续实行一般进口商品免税政策,吸引游客在港购物消费,延伸旅游业价值链。

(5)大力发展商务、会议和会展旅游,吸引高档次旅游者

商务游客一般比休闲游客逗留时间长一倍,消费更是高出三倍,旅游收益更高。香港特别行政区总部经济和会展经济发达,拥有良好的高级酒店业等旅游基础设施。发展面向高级商务人士的商务旅游市场,能减少同东南亚等周边国家低档次观光旅游业的竞争,发挥香港特别行政区旅游业的比较优势,占据中高端旅游市场。

三、北部及西部地区

(一)阳城上庄古村

1. 上庄古村简介

上庄古村地处山西省晋城市阳城县润城县,是山西省历史文化古村落、晋城市文化保护单位,与蟒河、王莽岭、珏山等景区相邻。村内有保存完好的元、明、清、民国等不同时期的古代院落四十多处,被称为中国古村落保护的杰出典范,素有“中国居民第一村”的美誉。上庄古村自古以来就有文化之乡的美誉,从明朝中叶至清初的百余年时间,共走出了五位进士、六位举人,贡、监生员有数百人之多,当时有一首流传很广的民谣“郭峪三庄上下伏、举人秀才两千五”,充分体现了人文的鼎盛。古建筑群布局以庄河为中轴线,在河的南岸有天官府、进士第、炉峰院;在河的北岸有沿街院、司农第、司徒第、亚元府、王氏祠堂、大参第、望月楼、参政府、武举第、樊家庄园等。大量保存完好、外观封闭、高门深宅的官宦巨宅达到了使用功能与建筑艺术的完美统一,被古建专家称为古村落保护的杰出典范。由于其建筑风格迥异,阳台式的楼阁里融入了南方的建筑特点,加上中西合璧、内容丰富、群落庞大、历史厚重的樊家花园,它吸引来了大型电视剧《白鹿原》前来借景拍摄。这里也是电影《烽火别恋》和大型古装电视连续剧《三滴血》等重要外景拍摄地之一。由此这个寂静的古村落,重新焕发出了新的生机。

2. 人文价值分析

对于古村落而言,古建筑是其文化的核心和精髓。从人与文化的关系来看,古村落中的建筑不仅仅是砖瓦泥土等建筑材料的有机组合,更是人的思想、感情、偏好等各种因素的渗透。

(1)追求安逸生活

上庄人不求大富大贵,但求一生平安。他们用最朴实的方式表达着自己真实的思想和追求,渴望自己的生活如“永宁闸”的名称一样“永远安宁”。永宁闸上层房屋被分割成东西两殿,分别供奉着观世音和关帝的塑像。

（2）热爱生活、思慕田园的浪漫情怀

上庄村古院落是王氏家族集体智慧的惠存，院落的差异缘于修建的不同，不同的院落有不同的主人，不同的主人有不同的思想，例如：王国光是天官府的主人，王遵是亚元府的主人，王道是司徒第的主人，王元祯是望月楼的主人等。院落建筑虽然各具特色，但却释放出“热爱生活、思慕田园”的异曲同工之妙。

（3）不拘一格、敢于创新的开放精神

与其他地方古村建筑相比，上庄村古院落的厢房和倒座二层中部均有木挑廊，为整座建筑增加了不少灵气。据村里人介绍，曾在吴江任知县的王国光，在修建宅院时大胆引进江南水乡的建筑风格，不仅使婀娜灵动的江南建筑“移居”北方，也为后人建造楼房阳台提供了很好的参考。

3. 影响和问题

（1）景区游客过量

《白鹿原》拍摄完成后，慕名而来的剧组络绎不绝，电视剧《三滴血》，电影《烽火别恋》《白巷里》《梦回小镇》等都在这里取景拍摄。古村逐渐成为国内知名的“古村落版影视城”。但是，随着景区人气的不断提高，也给平静的古村带来了一定的压力，原本居住在此的村民，如今也要忍受络绎不绝的游客驻足观赏。同时，随着客流量的不断提高，景区的接待能力一直未能提升，所以景区在设备维护以及人员疏导方面还有着不小的漏洞需要补缺。

（2）古村落治理边界不清晰

古村落旅游资源是特殊的公共品，原住村民既是古村落旅游地的治理主体，也作为旅游资源的治理客体，对古村落原住居民的管理具有特殊性，尤其是对于开发旅游业但并未将村民完全搬迁的古村落。作为一个活态的古村落，其“活”的意义不仅在于古建民居仍延续使用，更是在于原住居民在古村落中进行的生产生活活动，使古村落仍然保持着旺盛的生命力。但由于各个治理主体的治理能力不均衡和缺乏有效沟通，造成对古村落村民治理边界界定不清的问题。

（3）没有合适的制裁机制

在经济和社会利益的驱动下，古村落旅游开发必然发生管理者、经营者、使用者、所有者等各方利益主体间的博弈，加之古村落产权的特殊属性以及古村落旅游体验性和参与性的特点，加剧了古村落旅游治理的复杂性。在多中心治理过程中，治理主体虽然就有关村民制约方面签订了合同，但并未在实际治理中，在约束村民方面形成法治化的管理机制，监督和制裁缺乏强硬的制度保障，不仅造成了外来经营者的损失，也造成了古村落旅游治理的混乱，影响了古村落旅游发展的持续性。

4. 发展政策

（1）明确治理边界

多中心治理的意义在于，政府、社区和市场都能在各自范围内发挥作用，也并不简单等同于“社区治理”和“企业治理”。各个中心是自治的，并且各自有着不同的需求。政府通常不直接参与对村庄事务的治理；古村落的社区是地缘或血缘关系发挥重要作用的熟人社会；外来企业介入时，由于其在古村落内所拥有的社会资本较少，对古村落内居民治理能力较弱，由于各个治理主体缺乏协商渠道的平台，混乱的治理会导致古村落旅游的无序性。古村落治理的主导工作由村委会代表村民行使，有政府作为强力后盾，有村民百姓的支持拥护。与此同时，作为多中心治理中的一员，村干部应与各个治理主体展开合作对话机制，并在协商沟通中明确治理责任，引导古村落内村民支持外来企业的经营治理，促进外来企业治理能力，共同提高对古村落旅游的治理效率。

（2）建立有效的冲突解决机制

古村落旅游治理过程中要制定与治理主体相适应并相协调的规则，以明确治理主体所承担的责任和受益范围，增加治理主体间“搭便车”的成本，减少治理主体“搭便车”行为对多中心治理造成的损害和引发的矛盾。随着个体单位进入古村落社区中进行治理，打破了社区自主管理的局面，由于受益者边界制定不明确，容易造成治理主体间相互不满的情绪。因此，在签订合约或另行的规定中，要明确治理主体的责权范围，在实际治理过程中，各个治理主体应主动进行沟通协调，从而明确治理边界，减少由此引发的矛盾和治理成本。

（3）建立有效的制裁机制

随着古村落各方面环境条件的改善和相关配套设施的完善，越来越多的企业开始进驻古村落。在此大背景下，也为外来企业运作古村落旅游资源提供了可能。各个治理主体由于对古村落内社会资本占据的不同，治理主体之间需进行协作以使社区的社会资本对旅游治理形成正向影响，具有经营权的治理主体能对景区内的人员任用起到决定性作用，从而对景区内员工的管理形成有效的奖惩，并且对景区内村民进行监督，从而维护各个治理主体的利益，使古村落旅游治理有序进行。为了加强古村落旅游景区中保护性基础设施的建设，避免古村落在旅游治理过程中受到破坏，各主体应通过建立有效的制裁机制，约束治理主体的违规行为，实现古村落旅游的有效治理。

（二）镇北堡西部影视城

1. 镇北堡简介

镇北堡位于宁夏回族自治区贺兰山东麓、银川市西北郊的荒野上，是集观光、娱乐、休闲、餐饮、购物于一体的国家5A级旅游景区。主要景点由明城、清城、老银川一条街等多处影视拍摄景观组成。其中有两座古代的城堡遗址，坐落在镇北堡古城内。这两座古城堡原是明清时期为防止贺兰山以北南侵势力入侵府城（银川城）而建成的军事要塞，镇北堡也由此得名，当地人称之为“老堡”和“新堡”。最先发现古堡潜在魅力的是作家张贤亮，他在20世纪80年代将古堡展现给了影视行业，使镇北堡西部影视城逐步成为一个旅游影视目的地。它以其独特的荒凉、质朴、粗犷、民间化和原始化等特点成为中国西部和古代题材影视剧的拍摄基地。现已拍摄了《红高粱》《大话西游》《新龙门客栈》等50多部影视剧，景区内现存有《大话西游》《红高粱》等著名影视剧的原版场景，吸引着越来越多的人前往观光与体验。它最突出的服务是让游客充当明星自由表演，录制成碟，在个人的家庭影院中欣赏，这在世界各地影视城中也是独一无二的。2014年，镇北堡已成为中国西部题材和古代题材的电影电视最佳外景拍摄基地，在这里涌现出了大量的优秀电影，走出了很多的明星，同时，也获得了大量国际、国内影视大奖，被誉为“中国一绝”。

2. 发展目标

镇北堡影视城定位于中国古代北方小城镇，通过寻找非物质文化遗产地继承人，现场演示非物质文化遗产项目吸引游客。同时，镇北堡西部影视城的内部管理结构做出新的调整，目的就在于让镇北堡西部影视城能为游客提供更优质的服务。

3. 宁夏镇北堡的旅游目的地营销策略

古镇文化要想发挥新的热度，就需要从创新文化产品开始，创造品牌文化价值。镇北堡西部影视城依托景区内的两座古堡，以精神文化和社会物质实物为主要抓手，进行保护性地开发和利用。

（1）影视营销

镇北堡西部影视城的一大功能就是影视基地。2015 年，多部影视剧在影视城进行拍摄，包括《灵与肉》《新边城浪子》《奇星记——鲜衣怒马少年时》《新大话西游》等。与此同时，在真人秀节目火爆的今天，镇北堡西部影视城也成为积极的参与者。湖南卫视真人秀《一年级》、深圳卫视拍摄的《加油吧新郎》、上海卫视拍摄的《首席执行官》等电视真人秀都选择把西部影城作为拍摄地。电影《大话西游》里的一句“我的意中人是一个盖世英雄，有一天他会踩着七色的云彩来娶我”，吸引了多少游客前来感受至尊宝与紫霞仙子的爱情故事，因此，加强文化产品输出对景区发展有着至关重要的作用。全力打造属于景区风情的影视剧作品，不仅可以为景区注入强大的 IP，更能辐射周边共同发展。

（2）文化营销

为了能让景区具有更旺盛的生命力，镇北堡西部影视城开始植入更多的文化元素。镇北堡西部影视城正在逐渐告别传统影视拍摄基地的模式，朝着能够代表西部古代风貌的小城镇格局发展，最终成为代表和囊括中国西部各年代风貌、具有浓郁人文气息的影视剧拍摄基地和主题公园。同时，景区引进民间艺人展示西北风情，将穆斯林文化适当引入旅游产品内，在保证原有风格不变的情况下加入地区民族特色，实现文化相融。2015 年 5 月 1 日，董事长张公辅策划了“如梦似幻”的西部影城大型烟火晚会；2015 年 7 月 10 日，张公辅又策划了以“燃情岁月——塞上燃情”为主题的国际公共艺术节。经过一系列的创新实践，镇北堡西部影视城开始走多元化发展的路线，旅游产品的层次更加丰富，为“出卖荒凉”的镇北堡增添了更为国际化的文化元素。同时，景区也意识到即将消失的和已经消失的才是最珍贵的，吸纳了众多的物质、非物质文化遗产，为大量的非物质文化遗产传承人提供了工作室和展示空间，让来镇北堡西部影视城游览的游客，亲身感受那些随着科技的发展日益淡出我们视线的“老手艺”“老物件”，让小朋友们了解我国的非遗文化，在游乐中增长历史知识，在玩耍中体验古人生活。

（3）“科技 +”模式

利用科技手段创造多种营销方式。如今是流量的时代，各行各业如果想要获取热度首先需要流量。景区可以加强其广告宣传力度，可以向一些电视节目、旅游频道、旅行杂志等传统宣传媒介投放广告，也可以借助网络制造话题、创造景区 IP 产品。景区还可以模仿上海迪士尼景区开发自己专属的旅行 App 软件，方便游客更全面地了解景区、更快捷地去游览景区，使各项旅游服务指标向标准化、个性化、智能化方向发展。未来影视城计划上线以影视城为主题的模拟建设类手游，通过游戏来传播影视文化，收集游客数据，分析消费者情况。

（4）“互联网 +”模式

在大数据时代，镇北堡西部影视城开发并应用互联网技术，开设了镇北堡影视城官方网站和微信公众号，介绍影视城的历史发展、景点概况以及民风民俗。近年来，镇北堡西部影视城严格按照国家 5A 景区标准，在智慧景区、网络营销方面积极建设、全面部署，特别是景区自媒体打造和智慧旅游方面取得了长足发展。影城积极与驴妈妈、携程、同程、美团、途牛、去哪儿等旅游门户网站进行战略合作，开展在线售票、推广宣传、网络营销建设工作，并策划了一系列线上线下相结合的活动，取得了巨大的宣传和营销效果。镇北堡西部影视城再次荣膺“年度优质合作伙伴”奖，意味着景区旅游在互联网模式下的创新营销方面取得了骄人成绩，并进一步丰富了景区的品牌内涵。

（5）主题营销

镇北堡西部影视城作为宁夏回族自治区的主要旅游景区，除景区的人文景观及多种民俗表演之外，还是西北地区首家夜间开放的旅游景区。2015 年，“如梦似幻西部影城”夜游项目的开展获得了游客的一致好评。自 7 月 10 日至 10 月 7 日，镇北堡西部影视城营业时间延长至夜间十二点，并以“穿越百年”为主线，结合经典影视桥段，精心打造了一系列夜间大型实景表演秀。在“七夕”来临之际，镇北堡西部影视城结合夜游及艺术节开展了众多的情侣专属活动，在“爱你一万年”不朽誓言下，共同见证游客的甜蜜爱情，共度浪漫之夜。2016 年，还推出了“第三季奇幻夜游”及“正百宝食府”的项目，吸引了众多的参会嘉宾咨询。每年的教师节，镇北堡西部影视城作为国家文化产业示范基地，以“继承中华传统，弘扬民族文化”为发展主线，策划了一系列以“师恩情深，感谢有你”为主题的教师节特色活动。通过不同的主题活动，旨在吸引社会游客前来观光游玩。

4. 影响和问题

游憩设施陈旧、老化，标识系统不完善，景区管理服务质量下降。景区清城景点的广场中心这个类似皇宫的建筑物，远远看去已经残破不堪，近距离观察，该建筑的主体竟然是用木板、三合板和泥巴搭建起来的，门洞已经严重破损，给来往的游客带来安全隐患。景区明城景点外那些塔林建筑群也很破旧，塑料泡沫、三合板、泥土搭建的墙体不少地方都脱落了。

5. 发展对策

（1）优化人才结构，促进科技创新

根据影视城自身的情况，制订人才引进计划，营造良好的环境留住人才，吸引中东部地区优秀旅游电子商务人才、高层次的管理人员落户，为影视城的经济发展、科学技术创新注入新鲜血液，为影视城的创新带来新思维。同时，通过产学研相结合的方法同区内职业高校联合，加快培养一批旅游电子商务人才和网络技术人才，以适应“互联网 +”时代的发展和本地区旅游业发展的需要。

（2）以游客为中心，建立网上信息档案库

镇北堡影视城，还应同全区各景点及各宾馆加强联系建立共享的旅客电子信息档案库，信息库的内容应尽可能包括游客的姓名、年龄、职业、收入、兴趣爱好和所在地区、消费细节等，通过这些共享信息为每位游客提供优质的个性化服务。

（3）加大旅游产业的投入，加强影视城网络宣传

镇北堡影视城应抓住“西部大开发”战略、“一带一路”建设和中阿博览会举办的机遇，加大对旅游产业的投入，发展文化旅游，开发旅游新资源。同时，积极与各大旅行社和新闻门户网站合作，加强镇北堡影视城旅游产业的网络宣传工作，组织有影响力的新闻媒体进行实地采访，拍摄纪录片和旅游专题节目等，树立影视城旅游业发展的新形象。

（4）整合区内旅游资源，加大影视城的推广力度

镇北堡影视城应整合资源，确立“旅游一条龙”的理念。镇北堡影视城可以在一些省会城市进行旅游推介活动，并同当地旅游业进行捆绑销售，共同制定线路，优化交通路线，联合宁夏回族自治区航空公司推

出旅游专线，主要针对客流量大、转机城市，通过去哪儿、携程等网站进行售票，针对短暂停留的旅客也可购机票送门票 + 接送机 + 餐饮住宿。镇北堡影视城还可以在旅游淡季同区内部分入住率高的酒店进行合作，针对来银川出差的人士，送出专属该酒店的特价门票，使其在空闲时间前去观光。

（5）同各大卫视合作，提供真人秀拍摄场地

随着真人秀节目在国内的热播，给真人秀拍摄地也带来了广泛的知名度，吸引了诸多的游客前去体验、感受。以沙坡头为例，《爸爸去哪儿》第一季在中卫沙坡头取景拍摄，节目播出后沙坡头瞬间扬名国内外，吸引了无数的游客观光旅行，成为沙坡头乃至宁夏回族自治区对外宣传的一张名片。

（6）提高景区安全性

镇北堡西部影视城创立以来，牢固树立了“安全就是效益”“细节决定一切”的经营原则，始终把游客的安全感和愉悦感放在第一位。景区内现共安置数字高清摄像头近 174 处，每一处都可以进行适时录像，在游客集中场所，如停车场、清城门楼、办公区都有专人负责闭路监控系统。在清城门楼、明城城墙、马缨花游客休闲中心楼顶设立瞭望台，发现可疑现象及时进行处理。每一个监控设施点都可以进行安全广播，电子监控还为社会破获了几起案件，抓获过全国通缉的犯罪嫌疑人，受到了公安机关的表彰。

（7）综合服务体提升景区服务质量

镇北堡西部影视城售票厅旁边新增建 150 平方米 3A 级标准的卫生间，景区厕所成游客拍照“新景点”。镇北堡西部影视城的卫生间统一叫“轻松一处”，“轻松一处”也成为导游到影视城必讲的景点之一。在镇北堡西部影视城进大门处的卫生间门口，《卫生间分布图》吸引了众多游客拍照参观，这幅图对景区内每座卫生间的具体位置，男女间的具体厕位数量，残疾人、婴幼儿、老年人专用卫生设备，休息厅等一一标注，还配上了每座卫生间的实景图，让游客一目了然。综合服务体还专门建设了占地面积近 40 平方米的母婴室，划分为授乳区、妈咪休息区。授乳区配备了消毒柜、微波炉、温奶器、饮水机、哺乳沙发、婴儿床、尿布台等设备，使用色调温和的布艺帘子，分割成一个个相对独立且封闭的空间，为宝妈哺乳提供充分的隐私保护，同时，在母婴室内布设绿植，张贴卡通图画，帮助哺乳期女性和宝宝游客放松心情，让游客在出行中时

刻感受到家的温暖。

（三）乔家大院

1. 乔家大院简介

乔家大院，位于山西省祁县乔家堡村，始建于1756年，是全国重点文物保护单位、国家二级博物馆、国家文物先进单位、山西省爱国主义教育基地。整个院落呈双“喜”字形，分为6个大院，20个小院，以及313间房屋，总建筑面积达4175平方米，三面临街，四周都是高达十余米的全封闭麦砖墙，是一座具有北方传统建筑风格的古建筑。它集中反映了山西晋中一带的风俗民情，如陈列有民俗、人生仪礼、岁时节令、衣食住行、商贸、民间工艺；还设有乔家史料、乔家珍宝、影视专题等。

进入乔家大院是一条长80米左右笔直的石铺甬道，把6个大院分成南北两排，甬道两旁靠墙有护坡，西尽头处是乔家祠堂，与大门遥遥相对。大院主楼有四座，门楼、更楼、跳阁六座，各院房顶上有走道相通，用于巡更护院，显示了中国北方封建大家庭的居住格调。大院不但有整体美感，而且在局部建筑上也各有特色，即使是房顶上的140余个烟囱也各不相同。

乔家大院是一座雄伟壮观的建筑群体，设计精巧，工艺精细，体现了中国清代民居建筑的独特风格，具有相当高的观赏、科研和历史价值，是一座无与伦比的艺术宝库，被称为“北方民居建筑的一颗明珠”，素有“皇家有故宫，民宅看乔家”之说，名扬三晋，誉满海内外。在2018年中国黄河旅游大会上，乔家大院被评为“中国黄河50景”。

2. 景区定位

通过对晋商和乔家大院所承载的文化内涵的分析和文化精神的提炼，将乔家大院文化园区旅游形象定位成“晋商福地，乔家传奇”。

3. 营销策略

乔家大院保存着许多丰富的北方民俗风格，同时，它端庄古朴的形象同样吸引了不少游客。但是景区知名度不高、规模不大的陋端，仍然制约着景区的发展。

（1）影视营销

乔家大院的区位、文化以及建筑规模、工艺，在晋中大院中都算不上出类拔萃，但知名度和美誉度却无可比拟，其品牌和效益，在很大程度上要归功于《乔家大院》这部电视剧的影响力。张艺谋的电影《大红灯笼高高挂》使山西乔家大院一夜成名，随后电视剧《乔家大院》的热播更是稳定了它的地位，使大院真正形成一股晋商文化旅游热潮。2006年上映的电视剧《乔家大院》讲述了晋商代表人物乔致庸一生的传奇故事，它弘扬了晋商“诚信”的商业文化，展现了北方地区的风俗人情，吸引了不少的影视剧爱好者前往参观，感受晋商文化。乔家大院以其精美的建筑、深厚的文化内涵，不但吸引了数千万名游客前来参观，而且备受国内众多影视剧组的关注，先后在大院拍摄过40多部影视剧。

（2）打造晋商文化

自明清以来，以太谷、祁县、榆次、平遥等为代表的晋中盆地商人，以商贸兴业，经营范围包罗万象，尤其钱庄票号通天下，以进取、敬业为精神，成为中国十大商帮之首。

打造晋商“诚信”的经营管理理念，不仅可以改善现在人们的经营观念，还可以通过宣传打造属于景区独特的文化。通过打造晋商文化，还可以吸引企业经营者前来学习感受晋商文化，开展晋商文化交流，并定期举办晋商文化活动，形成景区的文化输出产业链条。

（3）文化营销

乔家大院开发为祁县民俗博物馆后，将遗产保护与展示利用相结合，发挥文化遗产的积极作用。实践证明，利用乔家大院这一“文物”创办民俗博物馆是一个十分明智的举措。它既有利于文物保护和开发，又有利于游客在汲取民俗文化知识的同时欣赏建筑艺术，二者相辅相成，相得益彰。博物馆利用自身所独有的优势和特点，负责抢救保护文化遗产，同时，与民俗文化的研究融合在一起。乔家大院作为文化遗产成为山西省重要旅游景点之一，成为对民众进行文化传播的场所，成为人们了解晋商文化和晋中民俗文化的窗口，成为文化交流、爱国主义教育的重要阵地。民居建筑精品与丰富独特的民俗陈展相得益彰，使文化遗产和优秀的传统文化得以利用和弘扬。

（4）公关关系

公共关系可以增强景区的曝光度，也能通过其他促销方法办不到的手段帮助提升景区和旅游产品的信誉。这些就是公共关系促销为旅游景区及产品带来的效果，将乔家大院通过电影《大红灯笼高高挂》及电视剧《乔家大院》的热播带来的效果与之对照。第一，全国乃至全世界都知道了晋商、乔家、晋商文化、山西的乔家大院。这就是广而告之的效果，在这一层上可能与广告的效果相同，但是这种公共宣传费用并不用自己支付，所以，效益比广告好上很多倍。第二，电视剧《乔家大院》在全国热播之后，人们对晋商文化的兴趣史无前例地高涨，即使不对晋商文化感兴趣，也会对主人公们生活过的、发生故事的地方产生兴趣，想来到乔家来重温从电视剧中得到的感悟。第三，正是通过电视剧《乔家大院》，人们认识了乔家大院景区，对晋商文化有了了解，并且形成了特殊的感情。在电视剧热播之后，落寞的乔家大院瞬间成了全国的焦点，现在各界的人们都密切关注乔家大院和晋商文化的命运，随处可见有关乔家大院申遗、转让、收购等消息与评论。从这三个方面可以看出乔家大院充分运用了公共关系的促销方法。

4. 乔家大院 SWOT 分析

（1）优势

乔家大院是清代著名金融资本家乔致庸的宅地，文化历史悠久。因此，俗语曰“皇家有故宫，民宅看乔家”。但是，在山西省，民居类旅游产品并不鲜见，尤其是晋中一带，类似乔家大院这样的晋商住宅也是星罗棋布。乔家大院能够从中脱颖而出，文化营销起到了不可替代的作用。

①地理位置优越

平遥、运城等地的火车均经过祁县，也可以从长途汽车站乘早上 8 点左右发往平遥、陵川等地的客车，到祁县东观镇乔家堡村下车。

②旅游资源独特，旅游价值高

乔家大院是山西晋商大院中唯一的国宝级文物。从 1950 年乔家后人全部搬离至今，一直归县政府管理。山西财经学院、党校、部队等单位都曾在这驻地办公，但博物馆整体原貌保存得很好。

③不可替代的品牌效应

乔家大院形成不可替代的品牌效应，在众多同类型产品中脱颖而出。乔家大院一直坚持做有特色、有价值、有内涵的品牌，使之成为代表山西晋商文化的一张名片，易于认识和记忆。同时，还大手笔发布旅游宣传广告，不仅在山西省内，在北京、上海、广州等大城市也能看到乔家大院的广告招牌。

④拥有乔家经商之道的文化

乔家大院历经百年沧桑屹立于晋中大地，留在世间的不只是乔家大院这座古老的大院，还有乔家大院里蕴含的经商之道。2009年7月，一份关于晋商大院的游客调查问卷显示，来参观的大多数是31岁至45岁之间的企业人员。从这组数据中可以明显看出，乔家大院的经商之道具有一定的吸引力。

（2）劣势

与国内很多旅游景区的情况相类似，乔家大院的文化营销中也处处体现商业化，如借助犀牛望远镜的典故推销纪念品，慈禧吃过的雪莲酥衍生出的高价糕点等。这种急功近利的行为，不利于乔家大院文化的持续发展。

（3）机遇

乔家大院文化营销的契机是1990年张艺谋导演在乔家大院拍摄的《大红灯笼高高挂》，它在第48届威尼斯电影节上获得了银狮奖，影片的末尾搭上了“山西祁县乔家大院协助拍摄”的字幕，自此，给乔家大院奠定了一定的知名度。2006年，胡玫导演的电视剧《乔家大院》播出，由此，乔家大院一举成名，影视剧给了乔家大院一个走入闪光灯下的机会，让这座百年古宅重新焕发出勃勃生机。

（4）威胁

①周边景点、景区的竞争

周边同类型景点较多，可挖掘营销潜力不大。山西曾号称“海内最富”，祁县、平遥这一带是当年富商聚集地，山西商人安土重迁的观念使得大兴土木建“豪宅”成为当时一股风潮，类似乔家大院的民居很多。乔家大院主打晋商牌，不像名水胜山那样有丰富的、多层次的历史文化作为支撑，无论是现在还是未来的文化营销均没有太多可挖掘的东西。

②缺乏高素质管理人才和传播者

实行文化营销的过程中要以人为本，用活的文化载体注入旅游产业长久的生命力。乔家大院导游员大多是当地人，只会机械性地重复导游词，管理层缺乏系统的企业管理知识结构，很难提出具有突破性和创新性的建议。

5. 影响及问题

乔家大院的影视剧营销，为景区吸引了一大批影迷前来打卡拍照。

电视剧播出当年，乔家大院仅门票收入就比2005年多出近2000万元，2006年的两个旅游黄金周，乔家大院停车场爆满，车辆只能停在路边，排出几公里的长队。当地居民售卖商品获得了不少收入，当地财政收入也创下7亿元的历年新高。日前，在由山西、河南、陕西、甘肃、宁夏等省区市联合召开的中西部旅游推介会上，山西的乔家大院成为最大赢家，参会的诸多省旅行社纷纷要求与山西共同开辟旅游之路。各省市派出多个旅游考察团来到山西省，与山西省联手促成黄金旅游专线，加强两地的旅游合作。

人流量的增多，带来了许多新的问题。无序的商品开发、景区设施不完善、售卖品种单一且售价颇高，给游客带来了不好的游览体验。风生水起的乔家大院，于2019年7月31日，由文化和旅游部发布公告，决定对山西省晋中市祁县乔家大院景区取消旅游景区质量等级。

（1）同质大院的竞争性加剧

山西大院旅游，除了乔家大院之外，还有保存比较好的王家大院和李家大院。气势恢宏的王家大院坐落在山西晋中灵石县静升镇，始建于明清时期，在历史文化方面早于乔家大院100多年，由历史上灵石县四大家族之一的太原王氏后裔所建，有人甚至提出“王家归来不看院”的说法。王家大院因其庞大的院落建筑规模、深邃富丽的建筑装饰风格在大院历史文化中独树一帜。其总面积达到了25万平方米，约为乔家大院的5倍有余，建筑院落规模方面与历史文化的前沿性，王家大院要明显优于乔家大院。

除了王家大院外，在晋南还有李家大院，李家大院坐落在万荣县闫景村，大多数建筑风格为竖井式聚财型山西四合院，同时吸纳了徽式建筑风格，后因李家李子用曾留学英国，部分院落为“哥特式”建筑，是南北交融、中西合璧的晋商大院，浓缩着汉族传统文化的深厚底蕴，有着极高的文化价值和艺术价值。原有院落20组，房屋280间，现存院落11组，房屋146间。

在大院旅游方面，乔家大院面临王家大院和李家大院的同质竞争，而且随着太原至西安高铁的开通，乔家大院在地理空间上已无优势；此外，蒙华高铁即将开通，势必会分散乔家大院的游客。乔家大院另一个旅游卖点，即晋商文化旅游，也面临着在建的晋商博物馆的游客争夺，晋商博物馆建立在山西省政府旧址所在地，建成后将会是体验晋商文化的主要场所。

（2）游客体验度降低

乔家大院景区旅游产品类型单一，游览主要以参观院落为主，但每个院落的建筑文化意义，并没有宏观的介绍。虽然每个院落有不同主题的室内陈列展示，但很多院落的展示与乔家大院本身无关，比如山西各种民俗的展示厅，与乔家大院所蕴含的晋商文化无关。此外室内陈列展示部分，大部分是以图片展览、展示；制作水平一般、展示方式图片相对陈旧、更新不够、维护不力，旅游产品的内容没能实现更新换代，也不符合新时代下观众的多种需求。旅游衍生产品开发余力不足，乔家大院商品店铺多而杂，但旅游纪念品的种类雷同，不能够体现出乔家大院的相关衍生品，乔家大院相关管理机构中，也没有专门设立创意产品研发的部门。乔家大院的旅游配套，仅停留在卖门票的原始阶段上，与国内其他地方旅游衍生产品的开发相比，尚有很大空白。此外，旅游服务的步伐跟不上，由于汽车的普及，到乔家大院旅游的自驾游客居多，停车场、游客中心、厕所等设施稍显不足与无序。导游讲解也跟不上新形势的要求，现在旅游者人文素质有了较大的提高，而导游水准参差不齐，直接影响到同一目的地游客的不同感受。

6. 发展措施

（1）要有核心定位，避免同质竞争

乔家大院将自己定位为文化旅游产品，强调自己的建筑文化、金融文化以及晋商文化。近年来，除了影视界关注乔家大院之外，学术界也非常关注乔致庸发家致富的商业账簿，从会计史和金融史的角度研究中国近代经济社会的转型。但乔家大院现有的展示中，与学术界脱节，没有关注学术界的最新成果，更不用说与学术界合作，这大大降低了乔家大院的文化旅游特质。因此，乔家大院要保持竞争力，就必须要有自己的全新定位，以新定位来进行旅游开发，且进行相关旅游活动。

（2）开发创意产品

国外成熟的旅游产业中，创意产品的收入占旅游收入比例很高。在国内，故宫博物院的创意产品，2017 年收入也超过 15 亿元人民币；西安旅游景区的创意产品的收入也比较高。乔家大院院内虽然有博物馆，但关于晋商文化、金融文化创意产品的开发，基本上没有。乔家大院周围琳琅满目的商铺，品种很多，但基本上与乔家大院无关，游客想购买相关创意产品，苦于市场无货。目前去乔家大院游玩的旅游，大部分是具有大专以上学历，有一定文化素养的游客。他们到此旅游，主要是体验相关文化，如果有大量有关乔家大院的创意产品，游客的体验度就会随之上升。

（3）提高服务水准，完善各种设施

在降低门票的同时，要提高服务水准。2017 年之后，乔家大院门票过高，一直为游客诟病。目前虽降价，但在游客看来还是诚意不够，一个没有星级的景区居然还要门票 100 多元，比故宫门票都高。但由于民营开发企业经营成本高，短时间价格不能下降，但可以提高营建服务措施。停车场、游客中心、导游讲解、景区内各类设施普遍存在服务功能退化及相应的管理问题，在新的市场竞争环境下，相关部门与景区及旅游市场的关系尚需重新定位。

目前，乔家大院旅游只是在“游”和“购”上进行了开发，在“食”的角度没有进行有效的挖掘，在合理布局之后，应该开发“食”，让游客体验美食。如果在美食上有所发展，获得一定收益，反过来是可以降低门票价格，进而摆脱门票依赖。

（四）锡林郭勒盟

1. 锡林郭勒盟概况

锡林郭勒盟是内蒙古自治区所辖盟，位于中国的正北方，内蒙古自治区的中部，锡林浩特驻地。这里既是国家重要的畜产品基地，又是西部大开发的前沿，是距京津唐地区最近的草原牧区。地处东经 115° 13' ~ 117° 06'、北纬 43° 02' ~ 44° 52'。北与蒙古国接壤，南邻河北省张家口市、承德市，西连乌兰察布市，东接赤峰市、兴安盟和通辽市，是东北、华北、西北交汇地带，具有对外贯通欧亚、区内连接东西、北开南联的重要作用。2016 年 9 月，锡林郭勒盟入选“中国地级市民生发展 100 强”。

近年来，盟委、行署高度重视旅游工作，把旅游业确定为锡林郭勒盟五大支柱产业之一，旅游业成为拉动全盟经济增长，带动相关产业发展，增加城市服务功能，提高城镇牧区居民收入水平的重要力量。2009—2014 年的六年间，全盟接待游客数增长 4 倍，旅游业总收入增长 4 倍。截至 2019 年 6 月底，全盟已接待游客 566 万人次，同比增长 12.6%；实现旅游总收入 74.4 亿元，同比增长 27.6%，全盟旅游业呈现出持续快速发展的良好态势。在当前经济新常态下，锡林郭勒盟充分发挥旅游产业基础优势，坚持实施创新驱动、项目驱动、市场驱动、基础设施驱动等“四个驱动”，进一步创新旅游业发展，培育壮大旅游市场主体，增强旅游产业活力。锡林郭勒盟坚持创新驱动，围绕文化与旅游深度融合发展的新命题，提出加快构建推动“大旅游、大产业、大发展”的体制机制。积极推进旅游体制机制的改革创新和旅游部门的职能转变，提出了“一带两都四区”旅游发展的格局和今后一个时期发展的总体目标，进一步建立健全全盟旅游综合协调机制，围绕区域合作和社会发展大局谋划旅游业创新发展的新思路、新举措。

2. 锡林郭勒盟的定位与目标

锡林郭勒旅游目的地的主要性质和特色定位为：中国最具特色的草原生态；原汁原味的蒙古民俗风情；最能体现蒙元帝国辉煌历史的元上都遗址；清朝北疆巩固、民族团结的生动历史见证；联系蒙古国与欧洲的国门重镇；京津冀地区最重要的生态屏障；华北避暑旅游胜地。旅游产业发展的总体目标是：建设以草原生态旅游和蒙古族民俗旅游为主要特色的生态旅游目的地，到规划期末建成国内最著名并具有国际知名度的草原生态旅游、蒙古族民俗旅游区，建成国内旅游大盟和草原生态、蒙古族民俗旅游强盟。

3. 营销策略

（1）影视营销

取景于锡林郭勒大草原的《狼图腾》，是中法合拍的一部冒险剧情片，它改编自姜戎的同名小说，由被誉为最会拍摄动物题材的导演让·雅克·阿诺拍摄，历经 7 年筹备。这部《狼图腾》，用其独特的镜头语言，把我们带到了一望无际的大草原，导演用镜头为我们展示了一个辽阔的大草原，同样也把我们带到了那个知青插队的年代。锡林郭勒充分吸引了来自全世界旅游者的热情，通过这部《狼图腾》作为宣传，向游客展示了锡林郭勒优质的草原资源，同时它还保留了电影拍摄时留下的兵团小镇。兵团小镇是电影中的拍摄基地，里面有供销社、邮局、电影院等临时搭建的简易建筑，并对游客开放，很多游客来此打卡拍照。这些简简单单的场景，唤起了不少影迷的青春回忆，对于那些知青而言，这里有他们曾经生活过的足迹，并与大草原建立了深厚的感情。锡林郭勒通过一个个电影镜头，吸引了游客对大草原的向往。

锡林郭勒盟正蓝旗，这里有世界著名的元上都遗址，是蒙古语标准音基地，美丽的草原和源远流长的历史文化也成为历史文化名人的摇篮。这里有天然沙漠的草原风光，一条涓涓溪流常年不知疲倦地流向草原的沙漠深处，在它的滋润下，林草繁盛，水草肥美，素有“空中牧场”之誉。内蒙古呼察文化产业发展有限公司在正蓝旗五一种畜场投资十几个亿建设忽必烈影视城，用于拍摄大型连续剧《忽必烈》。忽必烈影视城共分为6个拍摄基地，包括蒙古老营、落马湖、金莲川幕府、开平王城等，建造大型成吉思汗雕像、忽必烈汗雕塑及元朝历代帝王、皇后雕塑群，再现了元朝帝国的繁荣及元代蒙古族游牧生活的场景，诠释了元世祖忽必烈的戎马一生。除此之外，电视剧《父亲的草原母亲的河》和电影《锡林郭勒·汶川》也是在锡林郭勒盟正蓝旗拍摄取景的。

（2）文化营销

以草原为体，以草原文化为魂，以草原旅游为品牌，以“旅游+”为消费动力，锡林郭勒盟始终坚持文旅融合，着力提升文化旅游产品核心竞争力。积极融入自治区环京津冀草原风情旅游片区，面向市场需求，规划打造了包含1条主线、8条干线、6条支线，融合研学、运动、艺术、养生等多种旅游业态的锡林郭勒千里草原风景大道品牌旅游线路，创建4A级旅游景区6家、3A级旅游景区3家，A级景区达到了19家，高A级景区比“十二五”末期翻了一番。依托蒙元文化、绿色草原、民俗风情等地区鲜明特色，锡林郭勒盟围绕“阿巴嘎、察哈尔、乌珠穆沁、苏尼特”四大部落文化，分四大片区对旅游发展进行了规划布局，草原文化旅游活动不断创新发展。

从二连浩特市入选首批自治区级全域旅游示范区，到被自治区文旅厅确定为全区传统蒙古包示范试验区，再到培育打造“锡林郭勒印象”文旅商品区域公共品牌、“锡林郭勒蒙餐八绝”特色餐饮品牌，锡林郭勒盟统筹盟本级和各旗县市（区）赛事活动资源，强化区域合作，推进旅游产品开发、旅游线路共建、旅游成果共享，在品牌建设和宣传营销上取得了显著成效。

如今的锡林郭勒，夏季以“辽阔草原锡林颂歌”为主题，冬季以“燃情冰雪温情牧歌”为主题，打造出的传统那达慕、内蒙古音乐节、冬储季美食之旅、草原祈福迎新年等一个个文化旅游活动如花朵般争相开放，草原旅游的网络及新媒体曝光量年均超过1亿人次。

（3）节事营销

随着公共文化服务体系的不断完善，文化艺术创作日益繁荣，锡林郭勒盟不断丰富群众文化活动，“全盟百场群众性精品文化活动”“千场惠民演出”、内蒙古音乐节、乌兰牧骑艺术节等民族文化活动，“阳光工程”“圆梦工程”等形式多样的文化志愿者服务活动全面推进。如今，全盟各地围绕马文化、民族体育等方面，在传统节日、民俗节庆、重大纪念日、文化主题日等重要节点开展群众性文化活动已成常态。围绕“中国马都”品牌，探索开发了一系列马文化艺术产品、日化生活用品、保健食品，持续打造中国马术大赛、“贵由赤”马拉松赛、草原马拉松山地自行车挑战赛、环多伦湖自行车赛、走近乌拉盖河徒步溯源之旅活动、银色锡林郭勒草原冰雪那达慕六大精品“体育＋旅游”赛事活动，促进了体育与旅游融合发展。按照“打造亮点、增加看点、提升卖点”的总体要求，锡林郭勒盟对全盟节庆活动进行了统筹整合、集中打造，推出了“锡林郭勒那达慕”和“银色锡林郭勒草原冰雪那达慕”统一主题，举办了“感悟敖包文化，畅游辽阔草原”主题活动、“唱响内蒙古”千人草原国际合唱联谊活动、“唱响锡林郭勒”创作歌曲大赛、2017 锡林郭勒盟蒙古族服装服饰大赛等 80 余项节庆活动。特别是大力开发培育冬季旅游节庆活动，组织承办了全区第十四届草原冰雪那达慕暨冬季蒙古族服装服饰艺术节，开展了“银色西乌珠穆沁—草原冰雪那达慕”、苏尼特骆驼文化节、首届国际冰上龙舟赛等系列冰雪旅游主题活动，极大拓展了全盟冬季旅游的市场。全盟“月月有活动、处处有精彩”的局面已经形成，并由“单打独斗”向“合作共赢”转变，节庆活动成为吸引游客的重要抓手。

（4）新媒体营销

近年来，锡林郭勒盟进一步强化与新媒体的合作，借助新媒体的优势，发挥“两微”等多平台的信息渗透能力，极大丰富了品牌及产品推广方式，拓宽了营销渠道，提升了品牌竞争力，锡盟新媒体宣传的话题性、娱乐性、趣味性、新鲜性、互动性、指南性、实用性、亲民性明显增强，新媒体宣传推广工作取得诸多成绩，与波罗环球旅行家俱乐部合作组织的 6 次“辽阔草原锡林郭勒”为主题的采风活动，覆盖了新浪、携程、今日头条等 56 个主流媒体平台，首页推荐锡林郭勒文章达到了 218 次以上，网络点击阅读量超过 2 亿人次，“辽阔草原锡林郭勒”微博话题阅读量突破 1.4 亿人次。与自游自在新媒体集团组织了 2 次采风活动，每次活动新浪微博话题阅读量达 1000 万以上，共计发表有影响力的微博 272

条、微信250条、秒拍视频139篇、现场直播58次。在借助新媒体优势的同时,锡林郭勒盟也不断巩固传统媒体宣传,积极参加了内蒙古自治区旅发委在央视联合开展的内蒙古旅游形象广告宣传,在内蒙古电视台全频道和京津冀晋陕沪鲁粤滇等省市地区电视台投放了锡林郭勒旅游形象广告,编印了《旅游节庆日志》《辽阔草原锡林郭勒》夏季宣传册,《别样的冰雪嘉年华》冬季宣传册和《锡林郭勒千里草原风景大道手绘地图》等宣传资料,参加了自治区旅发委组织在北京、云南、四川、广东等省市举办的博览会、交易会等10多场次,在北京举办了"锡林郭勒旅游宣传周"。

4. 影响问题

锡林郭勒旅游资源丰富,但是资源却没有得到很好的开发与利用。内蒙古大草原地广人稀,草原资源丰富,但是缺少了人为开发与投入,没有形成完整的、有知名度的旅游目的地,使得锡林郭勒难以短期形成自己的旅游竞争能力。

(1)旅游资源开发单一

锡林郭勒盟在20万平方公里的土地上汇聚了草原、沙地、森林、火山地貌、湖泊及矿泉等自然旅游资源,同时锡林郭勒还是一个以蒙古族为主体的民族自治地区。无论是自然还是人文资源相对来说都比较丰富。但是,就目前地区旅游发展情况来看,国内外游客对锡林郭勒的了解更多还是"大草原",对于来到锡林郭勒的游客来说吸引他们的主要还是草原。

锡林郭勒盟虽然资源丰富,但目前的旅游资源开发过于单一,锡林郭勒盟的旅游品牌主要是草原和蒙古族民俗,其他人文、历史资源并没有得到充分的开发。整体上锡林郭勒地区并没有很好地把自然资源和人文资源结合起来,发挥地区资源优势,旅游资源开发单一在一定程度上限制了它的发展。

(2)景点分散

锡林郭勒盟是一个典型的地广人稀的地区,20万平方千米的疆域上仅居住着100万人口,地广人稀为旅游业的充分发展提供了广阔的空间,但同时旅游点也较为分散,旅游地之间的空间距离过大,缺乏旅游活动所需的集聚效应,而且地区交通设施还不够完善,所以存在旅游交通"瓶颈"问题,使游客在路途中花费的时间较多,交通成本较高,不利于旅游行程的安排。

（3）基础设施不完善

锡林郭勒盟的经济等各方面现在还处在不断发展的过程中，所以一些基础设施还比较薄弱，在锡林郭勒地区只有一个飞机场和一个较大的火车站，两条铁路通过境内。在开发旅游后，政府投资在各旅游景点之间基本上修了柏油路或砂石路，但是，一些景点仍然是藏在草原深处的，由于路况不是很好，所以，到达景区通常要走一两小时，到达景区后由于景点单一，游客只能游览半小时左右。

食、住、行、游、购、娱是构成旅游的六大要素，要想旅游业很好地发展就必须将这几方面结合起来。制约锡林郭勒盟旅游发展的最主要因素就是交通，虽然锡林浩特市是盟内游客集散中心，但是锡林浩特市的旅游大巴仅有十余辆，旅游旺季旅行社经常遇到有团没车的问题，所以，不得不从张家口和赤峰等地调车，而且，车况不是很好，这样无形之中就会增加经营成本，游客旅游成本也随之加大。基础设施和接待设施也不够完善，锡林郭勒盟旅游业虽然早已开始，但是现在整个西乌珠穆沁草原上仍然只有一个“蒙古汗城”旅游接待点规模比较大、接待能力较强、能够比较好地将民俗与草原旅游相结合，这显然是不够的。

（4）旅游市场经营管理存在缺陷

市场环境会直接影响产业的发展，所以，要想旅游业良好有序地发展，规范市场是重中之重。由于锡林郭勒盟的旅游业还处于发展过程中，所以它的市场还存在一些缺陷，旅行社经营、导游服务等方面都存在很多问题。很多人都在讲“祖国江山美不美，全靠导游员一张嘴”，虽然这种讲法有夸大之嫌，但也在一定程度上说明了导游员讲解的重要性，毋庸讳言，游客对一个地区的了解基本上来自导游员的讲解。由于本地区旅游不是特别发达，所以很多持有导游员资格证的导游员不愿意回去，但是地区发展旅游又需要导游员，为了解决这一矛盾，当地政府对一些年轻人进行了培训，并颁发“地区接待证”书，出发点不错，但是，效果不是很好，由于很多导游员对当地的历史、人文、自然不是很了解，因此，讲解质量很难让人满意，这样就会使游客的游览质量明显降低。

如果说导游员是一个地方的窗口，是形象大使，那么，旅行社就是旅游业经济的直接推动力，游客到某一个地方首先接待他们的就是旅行社，所以，旅行社对旅游的发展有着直接的影响。旅行社规模小，经营不规范的现象普遍存在。

5. 发展策略

（1）树立创新意识，重新审视地区资源

实行资源优化配置，充分开发、利用现有资源，改变“有资源没景点”这一现状，挖掘民族文化、历史，使人文、自然、历史有机结合，充分开发地区特产，着力打造几个较具规模的特色产品超市或销售点，使旅游收入不再留在门票、食宿和交通方面。

（2）对景点进行深加工，深挖掘

改变游客来锡林郭勒“看草原”的传统观念，依据地区实际情况开发景点、项目，尽量使游客可以参与其中，延长游客的逗留时间，使游客不再感觉“车上一小时，车下一分钟”，“缩短”景区、景点之间的距离。

（3）政府加大投入

完善基础设施，改善地区交通状况，对于旅游车辆给予一定的扶持政策，争取组建一支自己的旅游车队，使旅游旺季的接待得到有效保障。交通、铁路、民航等部门要协调推进公路、铁路、航空基础设施规划和建设，构建完善的立体交通网，提高锡林郭勒盟旅游的可进入性。

（4）加大服务和监管力度，优化旅游市场环境

各级旅游部门要加快职能转变，强化服务意识，积极推进旅游标准化建设。加强人才队伍建设，提高旅游产业综合服务能力，坚持“人才兴旅”，建立适合实际的人力资源开发体系，加强校企合作，努力培养一批高素质、复合型的旅游专业人才。特别要注意培养和引进一批视野开阔、经验丰富、能力卓越的旅游营销、策划、创意人才。高度重视旅游主管部门队伍建设，加大干部培训力度，健全旅游人才选拔和激励机制，有效提高对旅游产业发展的引导和指导能力，加强旅游、劳动、职业学院等部门业务协作，切实做好旅游专业人才、在职人员和农牧民转移从事旅游业人员的业务培训，努力提高从业人员的综合素质。

（五）西安（白鹿原影视城）

1. 白鹿原影视城简介

西安，古称长安、镐京，现为陕西省省会、副省级城市，是国务院批复确定的中国西部地区重要的中心城市，国家重要的科研、教育和工业基地。北临渭河、黄土高原，南邻秦岭，东与华县、渭南市、商州区、洛南

县相接，西与眉县、太白县接壤，总面积 10752 平方公里。1927 年 11 月 25 日，设立西安市；1954 年 6 月 19 日，为省辖市。西安是中国四大古都之一，联合国教科文组织 1981 年确定的“世界历史名城”，美媒评选的世界十大古都之一。长安自古帝王都，西安拥有着 5000 多年文明史、3100 多年建城史、1100 多年的建都史，是中国四大古都之一，中华文明和中华民族的重要发祥地之一，丝绸之路的起点。丰镐都城、秦咸阳宫、兵马俑，汉未央宫、长乐宫，隋大兴城，唐大明宫、兴庆宫等勾勒出“长安情结”。

西安拥有丰富的自然旅游资源和人文旅游资源，因而在发展城市旅游业时拥有着巨大的优势。首先，西安土壤和地形复杂，气候属于暖温带半湿润大陆性季风气候，冷暖干湿且四季分明，而且西安还拥有独特的地理地貌，并造就了秦岭山脉和渭河平原，这些为其产品的多样性和独特性构造了一定的条件。其次，西安作为古时 13 代王朝的古都，曾是中国政治、经济以及文化中心，留下了许多人文旅游资源，如全国文物储存之最的陕西历史博物馆、拥有“世界八大奇迹之一”的兵马俑、杨贵妃和唐玄宗的“爱情罗曼史”发生地华清池、600 年历史的古城墙等。最后，经过历代文化的积淀，西安也发展出了具有自己特色的美食。油而不腻的肉夹馍、具有民族特色的羊肉泡馍、清凉可口的凉皮等，让人欲罢不能，在著名的回民街美食也是应有尽有。

2016 年 7 月 16 日，由陕旅集团倾情打造的陕西首座影视城——白鹿原影视城开园试运行。这座以著名作家陈忠实的小说《白鹿原》为蓝本，并全面展现陕西传统民俗的影视城，在开园首日便迎来了如潮的人群。白鹿原影视城位于陕西省蓝田县前卫镇，占地1050亩，是以小说《白鹿原》和同名电影为文化载体，通过建设明清关中古城镇、老乡村展示关中建筑、历史、宗法文化和居住、饮食、曲艺等民俗，形成集影视创作、文化休闲、儿童游乐为一体的民俗文化产业示范基地，以此弘扬陕西关中农村民俗文化，打造特色关中休闲旅游目的地。

陕西白鹿原旅游文化发展有限公司品牌推广部负责人介绍说，白鹿原影视城位于蓝田县前卫镇将军岭隧道西 1 公里，景区入口就在关中环线（S107），距蓝田县仅 16 公里，距西安 36 公里。沪陕高速、西兰高速、312 国道、关中环线贯通全境。整体规划概括为“一条轴线、二层空间、三个区域、八大板块”，即“南入口区、文化休闲区、关中民俗风貌区、麦塬儿童游乐区、实景影视体验区、农家乐区、农耕景观区、生态隔离区”，是集影视创作、文化体验、乡村旅游、欢乐休闲为一体的陕西关中农村文化主题景区，兼有影视拍摄功能，并列入陕西省重点文化产业引领项目。

2. 发展现状和目标

蓝田县拥有丰富的民俗文化旅游资源，是深深浸透关中文化的典型代表区域，也是西安—白鹿原生态旅游观光带和南部秦岭生态旅游带的交汇区域。目前，影视城已开发出白鹿村、滋水县城、创意文化区、景观步道和游乐园等几大功能板块，也推出了《二虎守长安》《黑娃演义》《华阴老腔》等十多台精彩的演出项目，成为《百鸟朝凤》《毛泽东》《白鹿原》等多部影视作品的拍摄场景之一。项目主要展示关中建筑、历史、宗法文化以及举办曲艺、饮食、居住等民俗活动，同时，选用关中周边的“武关、萧关、大散关、金锁关、潼关”五个关口合围，形成“身在白鹿，远望天下”的绮丽雄浑景观。

2019 年春节期间，景区开展了“第三届白鹿原影视城第三届关中民俗文化节”活动，累计接待游客达 19.2 万人次，综合旅游收入较 2018 年同期增长 13.7%。春节期间，景区文化演出共计 312 场，其中的《二虎守长安》《黑娃演义》进行了全新的升级，场场火爆。这些都说明了白鹿原影视城自运营以来所呈现出的良好发展态势，景区的收入也充分显示了影视旅游发展所蕴藏的巨大潜力。

3. 营销策略

（1）影视营销

白鹿原影视城主要依靠“白鹿原”IP 优势营销。白鹿原影视城依托《白鹿原》这部茅盾文学奖作品建设，园区内无论是景点建设、旅游产品开发，还是基础设施服务，都体现着“白鹿原”的文化符号。影视城的主体区域无论是白鹿村还是滋水县城，整体建筑风格都高度还原了小说《白鹿原》中所描绘的场景，体现了关中的风土人情，散发着浓浓的乡土气息。园区内建造了陕西知名作家陈忠实的老宅，既为了纪念陈忠实先生，也作为文化景点供游客参观。

以影视为契机，推动景区的差异化营销。随着《白鹿原》电视剧的热播，在全国范围内引发了轰动效应，把影视的短暂拉动效应转变为旅游经典目的地的“长尾效应”成为品牌传播的关键，景区通过高度相关性的活动，用更好更新的产品服务满足旅游消费者。在原样保留影视剧中体验项目的同时继续开发独具一格的项目，如结合剧中农耕文化举办的开业一周年献礼首届欢乐之夏“忙罢会”，结合剧中频繁出现的油泼面举办的白鹿原面王大赛，以及结合剧中主要人物黑娃，于 8 月推出的大型沉浸式“拍演放”一体化演出《黑娃演义》等一系列高契合度活动。活动借助影视剧热点传播效应，吸引了大量游客前来参与体验，提升了白鹿原影视城的知名度和社会影响力，同时，也取得了良好的经济效益。

此外，景区的“白鹿村”是在拍摄电影《白鹿原》时所建造的，而后成了众多电影的取景地点。例如，电影《百鸟朝凤》，电视剧《毛泽东》《兵出潼关》《老腔》等十余部影视作品也在此拍摄取景，游客在这里可以实地感受曾经在银屏上见过的拍摄场景。为了满足游客体验电影拍摄过程的需求，白鹿原影视城选取电影《白鹿原》中精彩的片段还原影视拍摄过程的真实场景，打造出了《征粮》这一拍摄体验项目，让游客身临其境体验电影现场的拍摄过程。通过影视拍摄与旅游相结合，游客不仅可以与某个影视明星不期而遇，也可以自己参演其中，满足自己的电影梦。最终形成以影视文化为龙头，聚合文化创意产业的完整产业链，对满足游客深度体验和全面带动景区经济的发展发挥着重要的作用。

总体来看，白鹿原影视城利用“白鹿原”的 IP 不断开发新的旅游产品，也因此获得了很高的知名度与影响力。

（2）文化营销

白鹿原影视城一直在探索“用文化的理念发展旅游，用旅游的方式传播文化”的营销模式。用文化的理念发展旅游，包含两层意思：一是在白鹿原影视城发展的各个环节，都要充分体现文化内涵，要充分挖掘利用关中传统文化，通过现代手法将文化资源转化为旅游产品，用文化的养分滋养旅游；二是要在追求经济效益的同时，充分发挥旅游在改善民生福祉、实现社会和谐、平衡区域发展、促进文化交流、提升地区形象等方面的作用。用旅游的方式传播文化，也包含两层意思：一是要从满足人民美好生活需要的角度出发，通过旅游的产业化手段丰富文化产品和服务的供给类型，让更多文化资源发挥作用；二是通过旅游传播《白鹿原》文化，通过游客的流动增进文化交流、传播地方文化。

为了进一步凸显文化内涵，白鹿原影视城聚集了众多关中民俗文化元素，从陈忠实老宅到入口主雕塑、作品故事主题浮雕、广场作家圆雕，从古关中迎亲做寿、衙门判案、乡约立威到地保征粮、举人打擂等都在白鹿原影视城一一为游客呈现，为景区营造了浓厚的文化氛围，这不仅推动了陕西文化旅游的发展，也为弘扬陕西关中文化做出了重要贡献。

此外，白鹿原影视城以重大节日为契机举办各种民俗文化活动，增强游客体验。最为浩大的要数春节举办的民俗文化节，2017 年春节，为白鹿原开业以来的首个春节，景区策划了一场集娱乐与文化传播于一体的联欢活动，让游客在吃、喝、玩、赏中感受关中民俗文化。白鹿原影视城于 2018 年春节继续举办了第二届关中民俗文化节，比 2017 年的春节活动种类更加丰富。新年的 15 天每天都安排不一样的活动供游客游玩，有韩城行鼓、秧歌、高跷、信子、关中锣鼓、折子戏，社火巡游、大胃王表演、网红直播、大型体验互动游戏转九曲等，通过这些民俗活动，使游客在节庆活动中体验关中民俗文化，感受传统节日的欢乐气氛。

4. 影响及问题

白鹿原影视城自 2016 年 7 月开园以来吸引了超过 1000 万名游客，产生了较大的经济效益。虽景区采取“免门票”政策，但游客的增加和逗留时间的延长，使得景区的演艺、餐饮、交通、住宿等服务业得到了极大的发展空间，使得旅游收入大幅增加。事实上，千万级的游客数量拉动的是景区内“吃住行，游购娱”六个维度多个景区项目，游客参与体验数量显著提升，景区内全产业项目收益水平大幅增加，截至 2019 年年初经营收入突破 2 亿元。

值得关注的是，近年来运行零门票政策的景区，游客人数和旅游综合收入都获得了明显上升，不仅弥补了收入缺口，还获得了良好的社会效应。一方面，以点带面地实行景区免票，可推动旅游景区的转型，白鹿原影视城景区在已具备雄厚的综合收益基础上，将住宿、餐饮等关联产业联系密切，运行此种机制能引领整个业态发展转型。另一方面，从门票经济转向产业经济也是旅游业发展的一种超前理念，景区的免费开放，让每个社会成员都能享受到旅游公共服务，也是共享发展理念在旅游领域的具体体现，白鹿原影视城在零门票运营机制上进行了良好的示范效应。

然而，白鹿原影视城在景区营销上也存在着一定的问题，例如，在整体品牌营销上缺乏系统的宣传推广。众所周知，品牌作为产品一个重要的识别部分，可以增加产品的价值，这是因为品牌创建是一个系统工程，它不仅是一个可识别的名称和标志，还代表着一连串的附加价值，提供消费者功能与心理层面两者兼具的利益点。据官方统计，在白鹿原影视城2017年的游客中，陕西省内的游客占62%，是最大客源地，其次是河南、四川、山西等地。可见白鹿原影视城虽然在北方具有一定的知名度，但在南方知名度不高。这主要源于白鹿原影视城在宣传上的投入不够，仅有的知名度来自《白鹿原》这部小说。白鹿原影视城在营销上，既没有明确的市场定位，也缺乏系统的宣传推广，由于影视拍摄功能不够齐全，近几年白鹿原影视城并没有诞生更多知名的影视作品，也无法利用影视作品进行品牌传播，这将是限制景区可持续发展的重要因素，应引起重视。

5. 发展策略

（1）界定目标市场

在体验经济时代，消费者的需求变得至关重要，白鹿原影视城首先要进行市场定位与细分，确定自己主要的目标市场，针对目标市场消费者的需求进行设计产品和促销。白鹿原影视城目前主要的目标市场是《白鹿原》小说的读者以及对关中文化有一定了解的群体。在把握主要目标市场的基础上，白鹿原影视城应该加大投入开发其他市场，如大学生市场、周边各省市客源市场，吸引更多游客前来消费。

（2）打造多元化盈利模式

白鹿原影视城在坚持开发自己特色演艺产品的同时，应更多地考虑游客们多样化的需求，开发多元化产品，形成多元化盈利模式。对于《白鹿原》小说的忠实读者，可以通过开发更多《白鹿原》中的故事线和产品来满足他们的需求；对于没读过《白鹿原》的游客，可以提供更多的故事介绍、情景带入以及民俗文化产品；对于旅游消费主力军——青年大学生群体，可以提供更多新颖、体验感强的产品和服务来满足其需求，如VR、蹦极、电竞比赛等。

免门票的白鹿原影视城吸引了大批游客，提高游客人均消费成为园区经营的首要目标。为此，白鹿原影视城除了开发更多的盈利产品外，还可以实行产品组合策略，即将影视城的演出产品和其他产品有效组合，形成特色旅游路线或者演出通票，给游客满意的旅游体验。

（3）创新营销模式

营销在信息时代尤为重要，企业营销的手段和能力以及企业产品、品牌的知名度决定了企业的盈利与产品的影响力。因此，白鹿原影视城在提高营销力度、创新营销手段的同时，必须注重口碑营销，让影视城的产品和服务通过游客们的口口相传吸引更多的游客。

首先，是一对一重点营销。第一，重视与旅行社的合作。充分利用蓝田市及周边城市各大旅行社已经掌握的客源，与旅行社积极合作，把白鹿原影视城纳入各旅行社的旅游路线，与旅行社达成合作协议，探索新的影视旅游观光项目。第二，与陕西省内众多高校维持紧密联系。可与相关院校积极交流，加强联系，使白鹿原影视城成为各高校学生素质拓展、假期实习、参观游览等活动的目的地。

其次，要采取多元化的营销手段，做到全面覆盖客源市场。第一，多元化媒体促销。在具有较高点击率和信任度的门户网站（腾讯、搜狐、新浪、网易等）上发布广告，并通过携程、去哪儿等旅游平台发布旅游信息。第二，建立白鹿原影视城微信平台。对白鹿原影视城的建设背景，文化内涵、产品服务进行宣传；及时更新白鹿原影视城的相关动态，在线上为游客提供咨询服务；开通线上商城，让游客可以通过网购的形式购买白鹿原影视城的文创产品。第三，活动促销。首先，参与一些大型活动，比如陕西文化产业博览会等相关行业的峰会，通过大型活动的大平台展示自己的特色，提高自己的品牌知名度和影响力。其次，通过举办活动进行营销，如承办西部电影节、民俗文化节等活动吸引游客关注，提高知名度。

（4）通过多方合作，实现互利共赢

白鹿原影视城可以在开发新项目时，拓宽融资渠道，在降低风险和成本的同时，激发影视城发展活力。在园区与投资者之间建立平台化的合作关系，让大家一起为园区的发展出谋划策，从而促进白鹿原影视城的健康发展。

（六）青岛（东方影都）

1. 青岛简介

青岛，是中国沿海重要中心城市和滨海度假旅游城市、国际性港口城市，其具有优越的地理环境、良好的城市基础设施、悠久的城市历史文化以及完备的文化服务设施。青岛因树木繁多、四季常青而得名，是国家历史文化名城、中国道教的发祥地。青岛是2008年北京奥运会和第13届残奥会帆船比赛的举办城市，是中国帆船之都、亚洲最佳航海城。此外，青岛还有诸多称号，如世界啤酒之城、联合国“电影之都”、全国首批沿海开放城市、全国文明城市、中国最具幸福感城市等，被誉为“东方瑞士”。

作为投资了500亿元建设的全球投资规模最大的影视产业基地，青岛东方影都项目占地376公顷，目前建成有影视产业园、万达茂娱乐商业、滨海酒店群、大剧院、国际秀场、游艇会、国际医院、国际学校等多板块功能区。东方影都以影视产业园为核心、周边各业态为配套，形成了完整的电影生态圈。

影视产业园是中国目前唯一达到国际标准的影视制作基地，项目聘请英国著名的松林影视基地担任顾问，设计和建造由中方独立自主完成。产业园位于东方影都项目用地北部山体区，占地165.7公顷，一期工程中15个摄影棚和11个置景车间已经投入使用，其中面积最大的摄影棚为6000平方米。2017年年底，另外15个摄影棚已经验收完成，并于2018年正式投入使用，其中包括世界最大的单体隔声10000平方米摄影棚。目前，园区内影棚总数为40个，园区内摄影棚以组团式布局，每个组团配有专属车间，提供服装、彩绘 / 喷涂、木工和磨机、铁艺等功能支持。

东方影都影视基地的水下拍摄设施拥有两个世界最先进的水池，包括亚洲最大的室外水池（配有蓝幕）和最先进的恒温水下摄影棚，适合各种水下或水上拍摄。产业园外景地占地60公顷，包含民国上海、欧美风情等多个场景，可满足多种天马行空的外景需要。万达茂是万达城的核心建筑，地上地下总建筑面积为36万平方米，万达茂规划有室内主题乐园、室内水乐园、电影乐园、室内滑冰场、国际影城和商业中心，商业中心建筑面积15万平方米，是万达茂的主轴线。东方影都星光岛滨海酒店群规划了华东区最大酒店群，总建筑面积28.67万平方米，包括一个六星级酒店、一个五星级酒店和两个四星级酒店。星光岛还规划有大剧院和国际秀场，地块总用地13.74万平方米，总建筑面积约12万平方米。大剧院2000座，可满足电影节、演出等功能需求，大剧院和秀场的建筑整体设计风格结合太平洋西海岸的优美景观，概念选取“海螺”方向，突出建筑单体的建筑性质，具有“时尚”和“文化”的特征，呈现地域特点及中国文化元素。游艇中心由世界著名的摩纳哥游艇俱乐部做顾问，规划有230个泊位。国际医院床位200张，由英国著名的IHG国际医疗集团管理。赫德国际学校由国际著名的教育集团管理，设有幼儿园、初中、小学、初中、高中共81班。滨海酒吧街建筑面积近2万平方米，依海而建，引进二十余家行业领军的知名酒吧业态，同时还配以文化创意、小型剧场以及艺术品展览，着力打造国际休闲生活方式。

综上所述，青岛东方影视基地作为一座世界级娱乐航母，包含影视产业园、万达乐园、万达茂、国际秀场、星级酒店群、青岛万达游艇会、滨海酒吧街、国际医院、国际学校等复合型功能业态，是现代“一站式”休闲度假的典范之作，未来将会成为全球体验影视文化旅游的新地标。

2. 发展现状

青岛的电影文化沉淀几乎可以和中国电影史同龄。1898年，一位德国电影摄影师拍下了当时青岛的风貌和百姓的生活，成为在近代中国拍摄的最早的纪录片之一。除历史沉淀之外，外像化的美景更是青岛最无可比拟的天然优势。红瓦绿树、碧海蓝天、阳光海滩的独特风貌，二十多个风格各异的多国建筑，使青岛素有“天然摄影棚”的美誉。中国电影诞生那一刻起，青岛就是中国最佳影视外景地之一。从《劫后桃花》《风云儿女》到《将爱情进行到底》《一出好戏》《环太平洋2》《长城》《流浪地球》，众多中外经典电影拍摄于青岛。中国电影的奠基人洪深，著名导演崔嵬，中国电影音乐的一代宗师王云阶等名家，影视演员唐国强、倪萍、黄渤、黄晓明等，无不证明了青岛籍影视人不俗的实力。

2017年11月初，联合国教科文组织创意城市网络新晋入网城市名单公布，青岛被授予“电影之都”称号，成为中国首个“电影之都”。青岛还搭建国际影响力的文化传播交流平台，如全球“电影之都”青岛峰会、上海合作组织电影节、国际首个知名VR电影节、青岛影视博览会等。未来，国际青年电影节、电影国际化工业论坛等也都将在青岛落地举办。青岛影视业后来居上的步伐，逐渐从单纯意义的“天然摄影棚”和“明星摇篮”发展壮大为中国的“好莱坞”电影梦工厂，成为当之无愧的“中国电影之都”。

青岛是一座揽海入怀的城市，总是伴随着许多浪漫和梦想。2018年，中国电影的工业化之路刚刚起步，以前文介绍过的“横店影视城”为代表的实景类影视基地已趋于饱和，而主打影视摄影棚的产业园区较为缺乏，大体量、成规模的高端影棚建设明显缺位。肩负“填补中国重工业电影产业空白”的使命，青岛东方影都起步就是大手笔：一期竣工30个摄影棚，其中包括了当时世界最大的1万平方米摄影棚、世界唯一室内外合一的水下摄影棚。“松林”是世界顶级影视产业基地的代名词，其认证标准非常严苛。截至目前，东方影都已建成40个具备松林认证标准的国际化摄影棚，拥有杜比白金认证的混录棚以及国内功能最全的数字化虚拟摄影棚。即将对外开放的藏马山外景地占地500亩，规划建设了古装拍摄区、民国老上海（老青岛）街区、欧美街区、民国老北平街区和石库门建筑区等五大功能板块，形成内棚、外景“东西联动”的格局。东方影都正日益成为中国电影的“梦工厂”，助力中国电影腾飞。

事实上，自2018年东方影都正式开业以来，短短四年集聚影视产业项目总投资超过2000亿元，累计完成固定资产投资超过1000亿元，昔日荒凉的小渔村变身为都市新区。目前西海岸新区在拍在筹影片达20余部，带动3000余名剧组人员在新区生产、生活，周边住宿、餐饮等配套产业放量增长。对东方影都进行立体策划、立体包装，推出青岛“电影之旅”产品，打造集影视体验、休闲度假、研学科普、购物娱乐等为一体的文化旅游度假目的地。融创茂年客流量超过千万人次，星光岛酒店群年均入住率达80%，电影博物馆、珊瑚贝桥、星光岛大剧院等特色建筑成为时尚打卡地。总投资50亿元在藏马山旅游度假区建设占地1500亩的影视外景地，2023年项目建成后，将利用外景地自身积淀IP优势吸引游客，形成年接待游客2000万人次的影视文旅综合体。

3. 定位与目标

据《青岛西海岸新区（黄岛区）影视产业发展规划》报告显示，青岛定位为构建具有国际影响力的影视产业体系与产业高地，力争达到“国际知名、国内领先”，建设全球区域性影视产业总控基地（中心），建成国际影视文化交流与合作平台、世界级影视文化创新基地、世界知名影视文化旅游胜地、国家级影视产业实验区，使其成为“东方好莱坞”。

青岛发展影视产业的目标是到2025年，形成一批国内外知名影视企业，影视生产能力和制作水平进一步提升；到2030年，形成具有较大知名度的影视文化企业品牌，影视产业的带动作用进一步凸显。同时，以本土化、国际化、高端化、数字化、融合化、集聚化和差异化作为核心发展理念，形成以影视为带动的多种产业融合发展的大影视格局，增强影视娱乐的全民参与性和互动体验性，全推动影视由单一性产业向关联性产业延伸，做到"一源多用"；打造优质IP的孵化平台，实施文化旅游+影视产业的融合发展战略。总的来说，就是将"大影视、泛娱乐、全产业链拓展、优质IP开发、文化旅游带动"作为青岛影视产业未来的发展战略。

青岛还将互动娱乐与文化旅游作为重点发展领域，具体来看，一是积极发展影视互动体验等新娱乐方式，利用三维交互系统、全息投影、数字沙盘、激光技术、虚拟现实等新型技术手段，开发新型的影视互动娱乐产品，拓展影视文化消费空间。二是积极发展影视互动娱乐及体验项目，开发品位高、参与性强、趣味性强的影视互动娱乐旅游产品。三是打造集影视娱乐、影视旅游、高档休闲于一体，富有激情与活力的高端影视旅游目的地。

而青岛东方影都产业园将其定位为中国首个能为全球电影制片人提供全方位制作服务和极具竞争力补贴政策的影视产业园，目标是致力于和全球影视行业领导者们携手合作，助力中国电影工业化发展，打造电影行业新据点和全球最大、最具吸引力的影视制作基地。

值得注意的是，目前国内并不缺乏影视基地，但大半影视基地由于缺乏资金和收益，项目发展后劲不足、停滞不前。在业内看来，产品单一，没有形成完整的产业链是最大的硬伤。基于此，青岛万达影视产业园同时主打国际影视基地和数字后期制作两张牌，在影视制作全产业链上下功夫。以数字影音中心为例，作为专业的影视后期制作办公区，数字影音中心共占地18659平方米，拥有先进的硬件设备及雄厚的技术力量，专注于高端影视制作领域，提供音效、视效、剪辑、调色等多方面全流程后期制作服务。

4. 营销策略

(1)影视营销

青岛东方影都产业园具有独特的工业化生产和全产业链配套的优势，吸引着众多国内外影视剧组前来拍摄。从2016年的《长城》、2018年的《环太平洋2》，到2019年的《流浪地球》《疯狂的外星人》，再到2021年的《刺杀小说家》，越来越多的国内国际大片选择了东方影都产业园。截至目前，该园区承接的影视作品票房已突破100亿元。

目前，国内绝大多数影视基地都是以"外景地+影视旅游"模式为主，明确以工业电影基地定位的基地非常稀缺，而青岛东方影都目前是国内规划最超前、标准最高的工业电影基地：从世界唯一的室内外合一水下影棚，到包括混录棚、录音棚、特效棚、调色棚等后期的数字影音中心，所有的配套设施都很齐全。

《流浪地球》的出现，足以证明中国可以制作出比肩好莱坞的科幻大片。中国电影软实力日益强大的背后，实则是一流的特效技术与置景能力做硬性支撑。随着电影热度逐渐攀升，科幻电影的幕后拍摄细节也被一一揭秘。电影开篇为整个地下城的长镜头，围绕着倒长的大树，周边是热闹非凡的书店、小吃店，舞龙、彩灯，泥人广场上的人也络绎不绝，这组镜头是在影视产业园 20 号摄影棚中完成拍摄的，影棚中地下城看点十足，场景精雕细琢，就连宇航员宿舍床边的道具都非常逼真。作为电影核心视觉元素的行星发动机是在影视产业园 12 号摄影棚置景拍摄的，行星发动机由紧贴地面的七条支架支撑，中间位置安置转向结构，负责调整角度。作为《流浪地球》核心场景的太空舱备受观众关注。从 2018 年 2 月 22 日开始设计搭建，3 月 12 日太空舱粗具规模，历时近两个月时间，影视产业园 2 号摄影棚中诞生了电影中精致的太空舱。

事实上，青岛东方影都影视产业园已经建成 40 个世界顶级摄影棚，拥有世界最大的 1 万平方米摄影棚和室内外合一的水下影棚，藏马山影视外景地也将于 2022 年建成启用，形成“东有灵山湾、西有藏马山”双城联动影视大格局。如果说，《流浪地球》是中国科幻电影史上的一座里程碑，那么青岛作为国内首个联合国教科文组织“电影之都”，则是树立里程碑的推动者之一。青岛东方影都为影视行业提供了一流的硬件设施、一体化的服务体系及与国际接轨的影视政策。在这里，我们将不断见证中国电影传奇的诞生，并向中国市场乃至国际市场源源不断地输出优秀影视作品。比如，先后热映的《流浪地球》《疯狂的外星人》《环太平洋 2》《一出好戏》等大制作影片从这里走上荧幕；《封神三部曲》也是在这里拍摄制作的；《太空 2049》《天星术》已陆续进驻拍摄，青岛东方影都将成为中国影视新力量的重要票仓。

此外，青岛东方影视产业园还享有规模高达 50 亿元人民币的影视专项补贴基金，用于补贴在此拍摄的影视作品。来园拍摄的全球影视制作团队可享受在青岛拍摄制作成本最高 40% 的现金补贴。在青岛万达影视产业园内注册的影视文化企业，包括影视拍摄、影视后期制作以及影视拍摄设施设备租赁等企业，可享受青岛灵山湾影视文化产业区影视产业发展专项资金补贴，补贴金额最高可达企业当年度营业收入的10%。极具竞争力的补贴政策将大大降低在青岛进行拍摄制作的国内外电影、电视剧的制作成本，而青岛万达影视产业园也是全球影视制作的最佳选择。

（2）文创营销

近年来，东方影都依靠国内一流的影视拍摄和制作技术，为中国电影尤其是科幻电影走出国门、面向全世界贡献了力量。而其世界级先进的混录棚，更是吸引了众多综艺节目、晚会盛典在此录制。2020年，东方影都相继引进了腾讯的网游盛典、优酷的灌篮综艺，加上浙江卫视、山东卫视两台春晚，“爆款”流量让东方影都再度刷屏。特别是在2021年1月，浙江卫视“超级晚”工作室制作的《2021爱奇艺为爱尖叫晚会》在东方影都全网直播，晚会以20小时全网180多个热搜霸屏话题榜，让这里成为汇聚流量与热度的时尚高地。

继影视剧、综艺节目之后，扎堆而来的“晚会”，成为东方影都的全新增长点。据统计，有将近百个精品项目入驻东方影都影视产业园拍摄制作，其中除影视项目外，大型综艺晚会、知名品牌TVC广告等都纷纷选择在这里摄制。广告和MV业务也全面铺开，BVLGARI、Armani、融创壹号院、题拍拍App等重量品牌广告均在产业园完成制作。目前，青岛西海岸新区已集聚项目总投资2000亿元，注册影视企业520家，票房累计超过100亿元。2021年1月，东方影都影视产业园摄影棚出租率达到了93.88%的历史峰值。

未来，西海岸新区还将延伸和完善影视投融资、编剧、后期制作、发行、放映、宣传营销、版权开发、衍生品等短板，全面优化提升影视产业链发展能级，力争到2025年形成千亿级影视产业价值链。在优化管理服务、集聚生产要素的同时，以政策体系为引导，吸引重点头部项目入驻，打通影视、文旅、游戏、动漫、戏剧、广告、短视频等多种文创业务领域，实现融合发展。

（3）品牌营销

东方影都规划的万达城是万达独创的特大型文化旅游商业综合体。中国电影家协会已与万达签订协议，将支持万达集团，并于2016年开始，每年9月举办青岛国际电影节。为保证青岛东方影都的成功运营，万达已与多家全球影视巨头和艺人经纪公司达成协议，每年将有30部左右的外国电影在青岛东方影都拍摄制作。同时，东方影都还计划引进

50 家以上的国内影视制作公司，确保每年不少于 100 部国产影视作品在此拍摄制作。事实上，东方影都从电影的视角看只是一个影视基地，而从大娱乐的角度来看，品牌营销策划将其开发成类似迪士尼一般的娱乐中心，持续推进品牌 IP 化的战略布局。

青岛东方影都是落实国家文化强国方针的重大举措，是万达集团发展文化产业的重大战略，也是打造中国文化世界品牌的重大推动力。2012 年，万达集团收购 AMC 成为全球最大的院线，这就掌控了电影的放映渠道；接下来跟美国的四大影视经纪公司签约，这就掌握了电影的发行渠道；一旦影视产业园区落成，万达的文化产业集团就掌握了电影的制作渠道。此外，每年还会举办国际性的电影节，这就掌握了电影的宣传渠道，可以说万达已经完成了在电影产业上的全产业链布局。

万达集团利用其企业的品牌影响力，从各方面各角度积极地推动东方影都的宣传营销，在影视人、消费者中迅速树立口碑，打造更具影响力的文化品牌，继续推动青岛影视文化产业的繁荣发展。

5. 影响

在全球化的大背景下，随着人们对精神文化生活需求的日益增长，文化产业作为一个具有高附加价值的朝阳产业，越来越受到世人的关注，它甚至被称为中国经济新的增长点。青岛东方影都，作为文化、影视、旅游、娱乐的多元化综合体，覆盖了包括住宿、休闲、消费在内的诸多环节，其带来的影响不容小觑。

（1）经济效益凸显，产业结构升级

东方影都的建成，在我国的电影产业中引发了革命性的革新，同时，经由电影产业对青岛、山东省及附近区域的产业结构优化升级产生了较大的积极影响。纵观近年来万达集团在全国落地的大型文旅项目，几乎都融合了所在地的地域文化，其特色各异，体现了多业态综合的“一站式”属性。相比之下，青岛东方影都旗下的主题娱乐相关项目则是对这一宗旨和模式的秉承，同时借助创新的发展理念、独特的建筑风格、浓郁的电影文化、新颖的综合业态等重要手段，构建起具有超前布局的新型文旅产业。影都内的一系列配套设施，如星级酒店群、乐园、水世界、游艇俱乐部、酒吧等，也为“一站式”体验影视文化旅游提供了可能。作为国家级滨海旅游名城，事实上，青岛依托自身优质资源在文旅产业方面正加速蝶变，自 2017 年被评为世界“电影之都”以来，东方影都以其综合业态集群的影视经济产业链，实现了西海岸文旅产业跨越式发展，带动了旅游产业快速发展与人口结构转变，同时还带动了一大批相关产业的集群发展，成了青岛新的经济增长点、爆发点和闪光点。

长久以来，青岛在经济发展方面主要依靠其石化等重工业和海尔、海信等轻工业企业，其产业结构也主要以工业为主，第三产业、服务业的比重不高，这一比重在全国二线城市之中排名较为靠后。与此同时，伴随这样的产业结构而来的是相应的以石油、电力为主的能源结构和以体力劳动和技术工种为主的劳动力结构。这在一定程度上不利于现代化城市的未来发展，对自然环境和城市环境的负面影响也是比较大的，而其劳动力结构也不符合现代化城市的要求。目前，全球范围内都在倡导低碳、减排和“绿色 GDP”等理念。随着东方影都的发展，并辅以其他方面的科技进步和第三产业其他部门的促动，区域的产业结构一定会日趋合理，环境的质量也会得到改善。而电影产业是朝阳产业，经由东方影都的整合，将通过院线收入、音像制品、产品授权制作、拍摄地旅游等产业链上的众多环节为青岛带来了巨大的经济收益和外汇收入。

（2）提供就业岗位，促进社会发展

同时，青岛东方影都建成后为青岛创造了上万个工作岗位，这有力地促进了本地区劳动群体的就业，加快了区域经济的发展步伐。事实上，其所创造的就业、创业体量占青岛总就业人口比例在 6% 以上，不难想象，这一万达百亿级项目所打造的庞大就业平台必将与半岛地区人力资源市场形成良性互动，为青岛总体产业经济发展壮大做出贡献。

（3）深化文旅融合，填补市场空白

据 2021 年数据统计，东方影都已累计吸引逾五千万人次前来旅游，年销售额更是以 25% 的速度逐年递增。值得注意的是，近年来以亲子游、爸妈游为代表的家庭旅游不断升温，已成为当前节假日旅游市场的主力军。而最受欢迎的亲子游路线则集中在主题公园、嘉年华等旅游产品。诸多家长都希望能寓教于乐，在游玩的同时，还能学习到人文历史，体验到酷炫科技。青岛东方影都万达乐园在立足青岛影视人文历史文化的同时，还融入了高科技、互动娱乐等元素，这既解决了市场痛点，又满足了亲子游升级的新趋势。围绕旅游活动的六要素“吃住行，游购娱”，东方影都内配套的旅游餐饮（万达茂）、住宿（星级酒店群），也能全方面满足游客的需要。紧邻青岛东方影都内的万达乐园星级酒店群，由文华酒店、嘉华酒店、皇冠假日酒店和希尔顿逸林酒店组成，共计 1300

余间客房，环海观景，舒适惬意，是亲子游旅客畅玩游乐之后的最佳休憩之所。随着青岛东方影都的开业，填补了山东省“影视产业 + 亲子体验 + 文化旅游”综合的空白，为青岛和山东旅游发展增加了一张综合王牌。

（4）应积极规避潜在的负面影响

目前来看，东方影都的建立所带来的影响以正面为主，同时也存在一些堪忧的负面影响，是值得我们警惕和加以关注的。首先，电影制作上过于注重出“大片”，可能会压缩小制作、文艺片等小众影片的市场和发展空间。其次，实现规模经济和范围经济，形成的垄断现象可能会压制青年导演、编剧、演员的发展，进而可能限制中国电影未来向更广的方向发展。最后，跨国、跨地区进行的联合生产，可能会流于形式，变得尾大不掉，失去合作的意义，亦可能在拼凑和流水生产中失去艺术的美丽，迷失了文化的本意，泯灭掉人文的气质。

此外，关于影视基地涉嫌圈地的担忧也始终存在。此前长影集团的“环球 100”电影主题公园、浙江华策影视的“海宁中国武侠（影视）文化产业基地”等影视基地的启动和投资也都受到了涉嫌圈地的批评和指责。一些业界专家认为，万达集团的做法，更像是以文化为由头开发房地产，是文化搭台、地产唱戏的做法。

电影在今天已经不仅仅是纯然的艺术作品了。在更大的程度上，它是文化产品，是精神消费市场的商品，是文化产业的重要组成部分，是拉动经济的一大引擎。同时，也是意识形态、价值观和文化传统的载体和传播者。基于电影在大众传播媒介中的重要地位，也基于东方影都的规模和规格，我们有理由相信，东方影都的投资建设将为我国电影产业、文化旅游乃至整个产业结构都带来较大的积极影响。同时，由此可能引发的垄断、涉嫌圈地等问题也值得我们继续观察和探讨。

6. 发展对策

（1）积极参与人才培养，充分发挥人才优势

城市发展的过程中不仅需要政府的大力支持，更加应该大力积累人才，美国城市社会学家理查德 · 佛罗里达（Richard Florida）认为创意阶层是城市不断发展的重要因素之一，只有不断聚集人才，才能产生多样的创新思想。一个城市的发展、经济的增长固然重要，但是协调好政府、市民以及文化产业之间的关系，实现可持续的发展才是最重要的。

在电影专业人才的培养上，青岛市集聚了北影青岛现代创意媒体学院、上戏艺校等多所影视艺术类高校，其中，清华青岛艺术与科学创新研究院就选址在灵山湾影视文化产业区，此外，还有大量的影视表演培训机构。同时，政府相关职能部门还应积极在高职院校、影视公司和东方影都三方之间的牵线搭桥，促进各方在人才培养，尤其是在专业技术人才培养方面的合作。还可对青岛市开办影视相关专业的高校进行摸底，了解其学科情况、师资情况、生源情况，为学生提供实践机会，帮助本地的高职院校在东方影视产业园建立培训基地，为政府、高校提供决策依据，为企业提供定制人才培养等。同时，也要考虑到积极吸纳文化、旅游、创意设计方面的复合型人才，助力东方影都的可持续发展。

（2）可持续性 IP 是核心竞争力，打造影视文旅双 IP

影视与文旅的融合是东方影都延伸产业链、丰富区域发展业态的重要内容，影视文旅双 IP 的打造也是提升区域品牌的重要手段。要想实现影视新文旅的繁荣，可持续性 IP 是核心竞争力，产生具有生命力的 IP 与具有话题度和流量的“热 IP”，最重要的是高品质的文化传播内容、影视作品和符合大众文化消费需求的创意性转化手段。要想创造出能持续发展有生命力的影视旅游 IP，就需要将影视产品的品牌化、系列化与场景化相结合，构建丰满的故事场景。文旅 IP 的形成对旅游发展也极为有利，发展文化旅游业要挖掘当地特色文化，形成文化性格与文化 IP，促进地方文化与旅游的更好发展，使影视文旅双 IP 形成强大的竞争力。

（3）高科技与沉浸式体验是重要的影视旅游内容

高科技在影视旅游开发中的规划定位、内容生产与品牌传播等多方面有着非常重要的作用，高科技与互联网技术将对影视旅游品牌传播和市场营销产生影响。人工智能、物联网、5G、大数据、VR/AR 等技术的综合运用，能提升旅游产品的供给，同时优化旅游产品服务链条。高科技还会带来文旅体验的提升，利用高新技术可以提升用户光影内容的体验，增强 IP 内容的实景效果；也可以开发如沉浸式体验、AR 体验等创新性消费业态。“影视 + 文旅 + 科技”的模式可以强化影视新文旅中“新”的内涵与力量。

（4）开发影视产业与旅游产业的融合发展平台

深度挖掘“影视旅游 +”新业态，搭建影视旅游资源国际交流平台。积极融入“一带一路”和上海合作组织地方经贸合作示范区建设，发挥青岛与日韩的区位经贸合作优势，利用青岛与德国文化经贸联系，以国家电影交易中心（青岛）、文化保税区为重点，搭建环黄渤海影视旅游合作平台。采用自贸区、实验区、国际合作区等多种形式，加强影视产业和影视旅游内容的国际交流，搭建国家交流展示平台、技术实践平台、标准对接平台、跨境服务平台、文化展示平台等，将东方影都建设成为中国电影和青岛影视旅游"走出去"和"引进来"的窗口。

（5）强化东方影都影视旅游品牌建设

重点实施东方影都影视旅游品牌建设的"五个一"工程。一个口号：启动东方影都影视文化旅游品牌主形象的征集和设计工作，面向全球征集影视旅游品牌口号和形象 LOGO。一部宣传片：紧扣东方影都影视旅游的品牌定位，制作一部打动人心的宣传片。一首歌：以东方影都影视旅游度假故事为核心线索，创作展示东方影都影视产业的创新精神和影视旅游的人文精神的歌曲。一本书：围绕影视旅游服务指南，制作特色的书籍。一套 VI 系统：将影视旅游品牌 LOGO 元素应用于东方影都的视觉系统建设，包括导示系统和旅游标识系统，宣传区域影视形象，培养市民的城市品牌意识。

（七）重庆洪崖洞

1. 重庆简介

洪崖洞，原名洪崖门，是古重庆城门之一，国家 4A 级旅游景区，位于重庆市核心商圈解放碑的沧白路，地处长江、嘉陵江两江交汇的滨江地带，是重庆的旅游、商务及人文一体的综合性景观。洪崖洞是重庆典型的吊脚楼建筑，重庆以山城著名，由于地势的原因，重庆的房屋基本上都需要沿着江边的山坡而建，继而形成了独具特色的建筑风格，体现了巴渝建筑文化的魅力。

洪崖洞是重庆历史文化的见证和重庆城市精神的象征。洪崖洞民俗风貌区位于重庆市渝中区，北临嘉陵江，南接解放碑沧白路，项目沿江全长约 600 米，商业建筑总面积逾 60000 平方米，以具有巴渝传统建筑特色的"吊脚楼"风貌为主体，通过分层筑台、吊脚、错叠、临崖等山地建筑形式，把餐饮、娱乐、休闲、保健、酒店和特色文化购物六大业态有机整合在一起，形成了别具一格的"立体式空中步行街"，成为具有层次与质感的城市景区、商业中心。

洪崖洞有四条街：动感酒吧街、巴渝风情街、盛宴美食街、城市阳台异域风情街。四条大街分别融汇了时尚元素，主题迥异特色鲜明，成为重庆娱乐生活、夜生活的标志。“八景”指的是洪崖滴翠、两江汇流、吊脚楼群、洪崖群雕、城市阳台、巴文化柱、滨江好吃街、嘉陵夕照。

洪崖洞总占地29905平方米，再现了老重庆大梯步、老城门。原生态摩崖石雕，208米长；创意大厦，地面63层、地下8层，共计71层，10万平方米；洪崖洞民俗音乐广场与国泰剧院和解放碑森林广场能容纳3000多人。洪崖洞吊脚楼群，近600米长，洪崖洞所处的解放碑商圈是重庆商业的发源地，具有核心商务区的经济职能，辐射范围涉及重庆市，也是重庆首个百亿级商圈。洪崖洞旅客到访量，成为解放碑商业客流的首要支撑。

2. 营销策略

洪崖洞这道拥有2300多年的历史，曾经是重庆本地人的城市观景阳台，许多古老的痕迹遗留在这里，有老城墙、小青瓦、古门窗、青石板路等。江隘炮台、洪崖闭门、镇江古寺、东川书院、纸盐码头这些历史遗迹，也得到了很好的保护，巴渝“悬崖”盛景在被重新设计改造后，得益于良好的营销方式，于2007年11月被评定为4A级旅游景区。

（1）影视营销

洪崖洞的夜景及其出名，作为重庆著名的旅游吸引物，大大提高了重庆旅游的市场客源。洪崖洞的成功营销离不开《千与千寻》电影带来的影响，2003年，《千与千寻》获奥斯卡最佳动画长片奖，虽然它不是电影的直接取景地，但是，这个影视目的地与二次元《千与千寻》动画中“汤屋”的形象很接近。《千与千寻》是日漫经典，在二次元中影响巨大，这个顶级IP自带流量，网友开始建立话题，探讨《千与千寻》与洪崖洞之间的更多相似点。洪崖洞很聪明地和顶级的大热IP《千与千寻》产生了联系，在完全没有实体取景地的情况下，率先出手给自己明确的市场定位，虽然不是真正意义上的拍摄地，就连作者自己都说灵感来源于自己的故乡，和洪崖洞完全没有关系，但是随着景区营销策划的推动，新的IP形象出现——“千与千寻”奇幻之镇，将自己的形象与动漫联系在一起，把洪崖洞构建成具有魔幻色彩的神秘世界，这一步促使洪崖洞迅速进入“90后”“00后”的视野。

（2）新媒体营销

在2015年，随着自媒体抖音、快手的大火，互联网优势显著提升，重庆洪崖洞的形象广泛传播，它与电影《千与千寻》许多的相似点被发掘，微信朋友圈与公众号，也开始持续发力，自网上App抖音的网红主播上传了关于洪崖洞夜景的小视频后，关于景区洪崖洞的各种题材视频相继出现，洪崖洞的形象及知名度迅速提升，洪崖洞夜景、红楼梦火锅店成为抖音里最火爆的视频。2018年5月1日，有着仅仅5.3万平方米商业面积的洪崖洞接待了15万名游客，这个游客接待人数相当于北京故宫节假日的日接待量了。通过互联网自媒体短视频的传播，洪崖洞景区顺利把吸引力通过热度大大提升。但是，如果仅仅是外观酷似《千与千寻》，不足以成为洪崖洞持续火爆的原因。

（3）价格策略营销

在价格策略方面，洪崖洞细分定价，针对不同客户群体制定了不同的价格方案，例如，对于一些不想排队的游客可以花20元购买VIP快速通道，但是，对于时间充裕的游客可以选择免费扫二维码预约购票。洪崖洞景区采用组合营销的方式，在景区内既有洪崖洞盛宴美食节，又有天成巷巴渝三节老城墙，还有坦白路上的城市阳台异域风情街八景、两江汇流处的吊脚楼、洪崖群雕，在洪崖洞景区内，完全满足了旅游的六大要素——吃住行游购娱。

3. 洪崖洞客户群分析

通过对洪崖洞的客户群分析发现，男女游客比例大概是1∶4；从年龄方面来看，游客主要以青年人群为主，老年游客人群最少。来到洪崖洞，游客最主要的目的就是游览当地巴渝风情建筑和品尝重庆地道美食。

有五分之三的游客来自重庆主城区。洪崖洞的开发主题定位是针对本地居民，也有一部分游客来自港台及海外，说明洪崖洞具有一定的国际吸引力。其中将近一半的游客是学生和无业社会团体，其次是在企事业单位工作，大多数游客是在周末的时候到此游玩。其中最多比例的游客的月收入在1200~2000元，其次是1200元以下，只有少数的游客收入在5000元以上。这说明洪崖洞的主要客源属于工薪阶层。

4. 洪崖洞 SWOT 分析

（1）优势

①地域优势

洪崖洞位于重庆市，重庆市作为中国第四个直辖市，是整个西部地区的中心。重庆地处东部经济发达地区和中西部资源富集地区的接合部，对长江上游和西南地区具有双重辐射和带动功能，信息、物流、文化、金融等中心功能强化了重庆的区域旅游中心地。另外，洪崖洞有着绝佳的位置优势，项目地处解放碑核心商圈 500 米半径辐射范围内，位于解放碑 CBD、江北城 CBD、弹子石 CBD 所构成的两江三岸大型 CBD 区域的核心枢纽地带。它凭着解放碑无可比拟的向心力和吸聚力，已成为时尚消费和规模化商业的汇聚地，成为重庆城市运营的窗口和外来旅游人士的必访之地，游客流量较大。

②新型体验式消费模式

“体验式消费”就是要消费者在消费时切身感受到消费环境带来的精神上的愉悦。洪崖洞有一态、三绝、四街、八景。“一态”为文化休闲业，由餐饮、酒吧、文化、娱乐、保健、运动、购物和旅游八大部分组成；“三绝”为吊脚楼、集镇老街、巴文化，更能使游客重返过去的记忆；“四街”为纸盐河街、江畔酒吧街、巴渝风情街、洪崖洞盛宴美食街、城市阳台异域风情街，在这里可以欣赏到整个重庆渝中半岛千年不夜风景，漫步异国的人文风情中。人文古迹与现代感极强的交叠设计，让人不由得惊叹。游客在品尝巴渝火锅之余可以欣赏到两岸的风景，全面体验到人文重庆的独特魅力。

（2）劣势

洪崖洞景区的产品知名度低，景区的主要客源是当地人。洪崖洞乃至整个重庆的整体形象都十分模糊，缺少既能够起到传承推广，又能够对境内资源的宣传口号。从旅游功能和游览方式看，目前洪崖洞景区主要以观光、休闲游览型为主，会展、商务等高消费旅游，明显不足。单一的旅游项目无法满足各类游客的需求，影响游客的滞留时间、重游度和消费额。

（3）机会

中央商业区是一个地区发展最具活力与影响力的集聚点、辐射源。解放碑 CBD 当以思想大解放的勇气、求真务实的精神，立足重庆、瞄准西部、面向全国，倾力打造西部“华尔街”。另外，提升传统服务业，壮大现代服务业，大力发展现代商贸、文化创业、信息服务等现代服务业，不断完善服务功能。大力吸引以世界500强、国内500强为重点的知名企业在渝中区设立全国性、区域性总部，努力打造总部经济集群区。重点培养和引进与现代经济发展要求相适应的高素质人才，为总部经济在解放碑CBD的发展提供人才资源支撑。

重庆市委、市政府出台的一系列政策法规，有力地促进了旅游业的发展。国家实施西部大开发战略，有利推进东中西部区域旅游良性互动。洪崖洞被重庆市政府批准为老重庆“历史文化游”指定景点，将洪崖洞都市旅游线路直接纳入三峡游大线路首站。

（4）威胁

重庆虽然旅游资源丰富，但是也有很多同类型的旅游产品。与洪崖洞景区的旅游产品同类型的还有磁器口古镇等。磁器口古镇开发较早，各方面都比洪崖洞完善，有名人足迹，并且是重庆原来“十大重庆旅游景点之一”，有一定的知名度，与洪崖洞景区形成较强的竞争之势。重庆周边各省市近一两年纷纷进入重庆市场，争取客源，刺激和吸引国内外大量旅游目的地来重庆推介销售，竞争加剧。

5. 问题和影响

洪崖洞虽然成为近年来持续热门景区，2019年国庆节，重庆也成为接待游客量最多的城市，但是洪崖洞很难得到游客再次选择。首先，有部分游客购买了VIP票，但仅仅是免排队，进入园区，因为园区面积实在太小，大多是人挤人现象，体验感绝对称不上好。其次，洪崖洞景区有必要对景区内销售的产品价格进行明确，对于游客来讲，这里的价格略微有些高。另外，洪崖洞景区应该大力开发属于重庆特色、巴蜀文化的文创产品，不能让游客感到这里只是一条美食街。否则，将非常不利于洪崖洞的景区推广。

6. 洪崖洞景区发展对策

（1）旅游产品开发突出特色

为了再现洪崖洞的历史文化，巴渝老街的建筑风格应与当年的建筑尽量保持一致，街边店面形式应该恢复原来的店前买卖、店后生产的形式。在招商过程中应该尽量选择一些有较高知名度和美誉度的本土特色产品，比如重庆火锅、私家菜等。另外，利用老街的建筑，营造历史氛围，让游客在观光、购物的同时身临其境。

（2）加大宣传促销

良好的旅游形象是游客选择旅游目的地的一个重要判断依据，好的旅游形象可以引起消费者的注意和偏爱，促使其了解并购买旅游地产品。鉴于重庆洪崖洞景区旅游知名度不高的现状，坚持宣传促销由政府主导的思想，在政府引导下，利用互联网、报刊、电视广播等媒体对旅游景区进行深度宣传，从而提高其知名度，增强吸引力。同时，加强对旅游产品的深度开发和宣传促销，建立健全政府扶持、企业主导、全方位、多层次、多渠道的联合旅游促销机制，对洪崖洞甚至重庆旅游进行整体形象设计、包装和宣传。值得一提的是，网红效应是重庆洪崖洞旅游的主要动力，由此可见，以抖音为代表的短视频平台的爆火给文化旅游的宣传推广提供了新思路，值得全国各地亟待宣传自身品牌形象的政府和企业参考。

（3）可持续性开发

洪崖洞景区的开发是基于原洪崖洞的历史旧貌和其所蕴含的巴渝文化，这就要求景区开发必须走可持续发展的道路，最终达到促进经济发展的目的。开发是必须的，但在开发的同时要重视景区的合理规划，运用现代的高科技手段尽可能地保留原有风貌，使其更具真实性。同时，政府也应该加大宣传，增强重庆本地人民对保护历史旧建筑、重庆巴渝文化等的意识，使他们感受到洪崖洞景区为他们带来的经济利益和社会利益，确保巴渝文化能够源远流长。

（八）稻城亚丁

1. 稻城亚丁简介

稻城县地处亚热带气候带，其以亚丁为核心的稻城香格里拉生态旅游区，地处著名的青藏高原东部横断山脉中段，受青藏高原复杂地形的影响，呈现出高原型气候和大陆性气候特点，属高原季风气候，一年之中绝大多数时间天气晴朗，阳光明媚，全年有效光照达 1750 小时左右，夏多雨雾，午后多雨。亚丁自然保护区景区，面积 5.6 万公顷。在保护区东部的小贡嘎山上有三座雪山，由北向南分布，分别是北峰仙乃日，海拔 6032 米；南峰央迈勇和东峰夏郎多吉，海拔都是 5958 米。三座雪山呈品字形，彰显雄伟壮阔的气势，在西部藏区被称为"雪域神峰"。由于特殊的自然气候和地理环境，这里形成了独有的自然景观和地貌，是我国保存最完整的一处自然生态系统。保护区内三座雪山峰形各异，但都洁白无瑕，一尘不染；山腰茫茫林海，飞泉瀑布于其间，山脚宽谷曲流，镶嵌着明镜般的湖泊；雪峰、冰川、森林、溪流、瀑布、草甸、湖泊有机组合，野生动物出没于其中，托出了一方静谧的净土，被誉为"中国香格里拉之魂""蓝色星球上最后一片净土"。

2. 营销策略

（1）"影视 + 旅游"式营销

稻城亚丁作为"蓝色星球上最后一片净土"，吸引众多剧组来到这里取景拍摄。在这片美丽的土地上诞生出众多优秀的影视作品，例如，《从你的全世界路过》《青丘狐传说》《红河谷》《消失的地平线》等。其中最经典的莫过于影片《从你的全世界路过》，里面有过这样一段话："有一个地方，叫作稻城。我要和我最心爱的人，一起去到那里，看蔚蓝的天空，看白色的雪山，看金黄的草地，看一场秋天的童话。我要告诉她，如果没有住在她的心里，就是客死他乡。"电影里这段话让很多情侣们向往这个地方，想和爱的人一起游遍稻城，表达对爱的忠诚和纯粹。电影《从你的全世界路过》的上映，为这个地方吸引了大量的游客。《红河谷》里新奇、壮观，有着史诗般的美丽风光，展现了世界上独一无二的高原景色。稻城亚丁作为拍摄取景地在影片中多次出现，给影迷留下了难忘的印象。稻城的美丽随着影视剧和各种摄影爱好者的作品在世界范围传播，这些优秀的电影和摄影作品吸引了大量的游客前来体验影视中的场景，从而带动了当地的旅游业，使神秘的自然景观展现在世人的眼前。

（2）节事营销

稻城亚丁景区采用节事旅游营销，举办了一系列节事活动，以吸引众多游客前来参加。其中，最吸引游客的节事是"让世界看见稻城亚丁春季旅游限定"主题活动，参加此次活动的游客有一定的人员限制，将由景区金牌解说员带队，一同寻找最美的"日照金山"和亚丁景区内的岩羊，还可领取稻城亚丁官方准备的文创大礼包。稻城亚丁联合马蜂窝和米拍 App 启动了"让世界看见稻城亚丁摄影 &Vlog"大赛，向游客征集优秀的摄影和视频并向公众展示，将稻城亚丁迷人的一面展现在大家面前。“让世界看见稻城亚丁雪山下的音乐会”，邀请风格不同的跨界艺术家、先锋音乐人、音乐演奏家将采集自雪山的民俗音乐元素进行全新创作，并在景区内的标志性景点——洛绒牛场、牛奶海等，展开一场对话自然的“音乐现场”表演。2020 飙山越野龙腾亚丁越野赛暨 SKYRUNNING（中国）越野嘉年华等，吸引了来自世界各个国家、地区近千名选手，他们从稻城香格里拉镇出发，开启紧张刺激的越野比赛。为了回馈广大游客，丰富景区的旅游产品，提高游客满意度，系列活动主要由主题限定活动和对旅行社的限定政策组成，广大游客们可以通过活动体验到众多的旅游项目。参加这些活动，游客可以享受超值价格套餐、超值品质服务和超值的游览体验。优惠的价格，让游客可以在景区体验到“吃、住、行、游、购、娱”的全套服务，同时享受景区的 VIP 待遇，节省游客的排队时间，更有专业的解说员为游客详细解说。游客在游玩期间，有机会融入当地藏族人民的生活中，体验当地的生活习惯和风土人情。

（3）“主题 + 旅游”式营销

①婚庆旅游经营模式

随着旅游市场的不断扩大，大众化的旅游发展趋势更加明显，旅游业的新产品和新业态层出不穷，例如婚礼旅游，传统的婚庆旅游已不能满足当下消费者的需求。稻城亚丁通过组织有吸引力的婚庆旅游文化活动，倡导健康向上的旅游婚庆礼仪，弘扬时尚、快乐的爱情理念和良好的社会风尚，打造婚庆度假胜地。婚庆主题的旅游产品主要分为“草坪婚礼”和“金婚 Party”，新人在旅游期间，在不同的景点享受美好的二人世界，在格聂神山，新人在此地见证爱情，牵手一生。在红草滩，景区营销针对结婚于 20 世纪 60 年代的“金婚”人群，打造“红色鉴证，忆往昔”的主题婚庆摄影。

②摄影之旅

9 月和 10 月是稻城亚丁一年中最佳的摄影季节，稻城外的红草地与黄色的万亩杨树林，让人如在梦幻之中。秋季的稻城亚丁，无论在哪个角度，都能用相机拍出绝美的照片。为此，稻城亚丁举办的摄影之旅可谓是绝佳的选择。以“寻找最美的她”为主题的旅游摄影活动，探寻“最后的香格里拉”的奥秘，为热爱摄影的游客提供专门的平台，同时吸引热爱旅游的游客来这里寻找梦中最美的一片风景。在摄影主题之旅中，游客和摄影爱好者可以欣赏到沿途震撼心灵的风景，还可以体验户外的探险生活。这种既能欣赏绝美的风景，又能体验冒险的旅游方式吸引着众多游客的参加。而优秀的作品通过微博、微信等新媒体展现在大众面前，以另一种新颖的方式宣传稻城亚丁的美丽风景，提升稻城亚丁的品牌形象。

③民族文化宣传

稻城亚丁，一片神奇的土地孕育着一个神奇的民族，辽阔的地域，绵延的山脉，清澈的溪流，哺育了当地人单纯而丰富的性格，这就是稻城康巴人。他们的生活与纯净的大自然融为一体，其服饰色彩、建筑样式、语言习俗和歌声舞姿，一切皆取之自然、归依自然。稻城亚丁推出“做一天康巴人”的主题之旅，让游客可以了解稻城康巴人的宗教文化，感受康巴人的豪放、乐观、真诚、善良的性格，体验康巴人的单纯而丰富的生活态度和内心世界。深入康巴人的生活，让游客理解“生活不再是被动的、无奈的选择，康巴人勇敢、粗狂、豪放的性格里蕴含着一种少见的乐观和执着”。这里不同的景点蕴含着不同的文化，“三怙主雪山”分别是仙乃日、央迈勇和夏诺多吉，它们被认为是守护亚丁的神山，对于游客而言，能够欣赏“中国最美的雪山”，也是非常有幸的一件事。在稻城亚丁，孕育着神秘且纯净的文化，游客来到这里可以感受到浓厚的民族文化氛围，让人流连忘返。

（4）新媒体营销

稻城亚丁旅游区借助新媒体平台，将稻城亚丁宣传出去，让更多的人了解稻城亚丁，游览稻城亚丁。现如今，微信、微博等新媒体被广为使用，关于稻城亚丁的旅游宣传有很多。旅游企业利用微信公众号和微博，在新媒体平台上发布许多关于稻城亚丁的旅游攻略，并配上精美的风景图片，让人犹如走进神仙般的图画之中，优美的文字让人反复咀嚼。更有一些人将美丽的稻城亚丁拍成微电影的形式作为广告宣传片来吸引游客到景区游玩，影片向观众们传达的优美风景和纯洁的民族文化正是人们所不断追寻的，也是人们来到稻城亚丁的缘由。稻城亚丁就像一个美丽的当地姑娘，纯洁美丽，她发出内心的呼唤，给观众留下了深刻的印象。洁白的雪山，绿油油的草地，蔚蓝的天空，悠闲的牛羊，再加上纯洁的人们，无数次在人们的脑海里回荡，从而激发起旅游爱好者的旅游欲望。新媒体的宣传，为稻城亚丁树立了纯洁、纯净的形象，也打造出了“蓝色星球上最后一片净土”的品牌形象。

3. 稻城亚丁优劣势分析

(1)优势

第一,景区的自然资源丰富。稻城亚丁风景区环境在地球上是独一无二的,被世界称之为“蓝色星球上的最后一片净土”,地形地貌复杂奇特,自然景观丰富,具有国内罕见的高山生态系统。该地区的森林、草原、海子、高山、珍禽异兽、奇花异草应有尽有。第二,人文旅游资源丰富多彩。在藏传佛教的基础上,以康巴文化为主体,白、黄、红、花四教和谐相处。藏民居展现了川西藏区民居特色,原始神秘的婚嫁丧葬等风俗习惯以及节日庆典活动引人向往,人文资源十分丰富。第三,旅游商品资源丰富。景区内有200余种具有珍稀药用价值的野生植物、重要香料、工业原料。同时,景区具有观赏价值的各类花卉植物、原生物百余种,具有极高经济价值的各类食用菌和用于治疗心脑血管疾病药物的原料植物非常丰富。此外,还有当地的各民族工艺品及食品等。第四,景区的旅游资源能够满足不同类型旅客的心理需求。美丽独特的自然景观对于旅游观光者具有强烈的诱惑力;宁静和谐的环境,人文生态和温泉群,吸引了众多以休闲旅游为主要目的的游客;高落差雪山峡谷体验则深受冒险旅游爱好者喜爱;原始生态系统为科研人员进行研究提供了理想场所;民风民俗对体验旅游爱好者具有吸引力。并且,稻城亚丁内独具特色的“从地狱到天堂”——卡斯地狱谷路线符合西方宗教的内容,容易激起西方人在情感上的认同。

(2)劣势

第一,雨季交通不便利。稻城县城到亚丁自然保护区的公路如果遇到雨季,前往亚丁的主要交通方式是骑马,交通具有一定的滞后性。第二,旅游基础设施薄弱,接待能力低。目前稻城亚丁一带住宿业稀少,接待能力低下。

4. 稻城亚丁客户群分析

数据显示,甘孜州游客主要来自成都地区、重庆地区,占总游客数量的一半以上。成都和重庆地区既是四川省的主要客源地,又是甘孜州和稻城的重要旅游促销中心。周边的云南也是甘孜州的重要客源市场,如果当地的交通条件能够改善,云南的客源还会有更大的增长优势。未来,具有发展潜力的客源市场是广东、北京和一些东部沿海地区的城市，它们具有一个共同的特点，就是这些地方的经济相对发达，人们更愿意出来旅游观光。另外，稻城亚丁拥有“蓝色星球上最后一片净土”的世界级资源，也会吸引一些外国游客前来游玩。

5. 营销效果

2016年，景区共接待的游客人数高达42万人次，可见，景区的营销对游客有一定的吸引度；2017年，景区游客人数接待量达到了75.7万人次，尤其在国庆、中秋两个假日，稻城亚丁景区的游客旅游接待量就达到了7.81万人次，实现门票收入90多万元；2018年，游客接待量超过百万人次。相信新冠肺炎疫情过后，稻城亚丁游客人数增长量还会不断增加。

6. 影响

稻城亚丁和大多数景区一样，景区的发展对当地既有有利的影响，又有不利的影响。第一，景区能带动当地的经济发展。外来游客的门票收入，在当地的吃、住消费，购买当地藏族人民的土特产品和纪念品等都能给当地带来大量的资金收入。第二，提高当地人的生活水平，能增加当地的服务就业机会。许多当地的藏族人民因为从事了旅游业和服务业，都过上了富裕的生活。第三，稻城亚丁旅游业的发展对当地存在一定的不利影响。由于游客人数的增多，导致景区游客量超出最大承载量和大规模游客滞留的现象，从而导致景区服务质量下降，甚至会增加景区旅游事故的发生概率。

7. 稻城亚丁未来发展对策

（1）提升稻城亚丁的交通体系建设和资源保护力度

稻城亚丁交通存在一定的滞后性，需要景区完成交通设施建设和完善内部道路的建设，以满足大量游客的游览。应修建保证稻城亚丁景区与各村镇之间实现快速进出的重要公路，同时，开通景区定点旅游班车专线，让游客更加方便地到达各个景区，以延长旅游者的停留时间。在方便游客进入景区的同时，也要做好景区资源保护工作。首先，景区需要制定稻城亚丁的旅游景区规划，使稻城亚丁旅游景区的保护和建设在科学规划的指导下分阶段、有步骤地进行。其次，利用科学技术，建立和完善稻城亚丁旅游景区环境监测与研究技术支持体系，加强对稻城亚丁旅游景区生态环境的建设与保护。

(2)完善景区周围配套设施

稻城亚丁景区,地势海拔较高,周围基础设施较为匮乏,当地旅游收入形式较为单一。为了增加稻城亚丁旅游区的经济收入,必须建立完善的旅游景区的配套设施,如食宿、交通、娱乐、购物等服务设施,让游客在景区游玩的同时,能够享受到"食、住、行、游、购、娱"的全方位不同体验。以旅游景区为中心,作为旅游区的延伸和拓展,建立食宿、购物和娱乐场所,丰富游客的旅游活动和范围,从而延长旅游者的停留时间。

第二节　国外案例综述

一、亚洲

(一)印度

1. 印度简介

印度,全称为印度共和国,首都为新德里,是南亚地区最大的国家,国土面积约 298 万平方公里。印度是世界上发展最快的国家之一,也是金砖国家之一,印度经济产业多元化,涵盖农业、手工艺、纺织以至服务业。印度的旅游业和服务业比较发达,在国民经济中占有相当的比例,旅游业是印度政府重点发展的产业,可提供两千多万个就业岗位。随着入境旅游人数逐年递增,旅游收入不断增加,在国民经济中具有一定占比。印度著名的建筑泰姬陵被选为"世界新七大奇迹",是世界文化遗产中的重要瑰宝,称为印度的代名词,被誉为"印度明珠"。

印度在影视方面的表现十分出色,宝莱坞位于印度孟买,宝莱坞是世界上最大的电影生产基地之一。宝莱坞和印度其他几个主要影视基地构成了印度庞大的电影业,每年出产的电影数量和售出的电影票数量居全世界第一。宝莱坞对印度以至整个印度次大陆,中东以及非洲和东南亚的一部分的流行文化都有重要的影响,并通过移民输出传播到整个世界,与美国好莱坞和中国香港并称为世界三大电影生产基地。而印度电影中的歌舞风格是其最大的特色。

2. 影视营销

（1）影视城旅游营销

印度是一个令人瞩目的电影大国，以语种多、产量高、类型特征明显、受众广泛等著称。2010 年，印度电影产量超过 1000 部，在全球范围内名列第一，超过了好莱坞和中国；2011 年，印度电影产业总收入达到 18.6 亿美元，比 2010 年上涨了 11.5%。

宝莱坞是印度最大的影视生产中心，也是世界三大影视基地之一，对世界其他电影市场都产生了很大的影响。宝莱坞以印度孟买市为基地，生产的电影以印地语的音乐片类型为主，形成了独特的电影风格。2012 年，宝莱坞影片国内票房为 7.74 亿印度卢比（约为 1172 万美元），占印度电影国内票房总额（20 亿印度卢比，约为 3000 万美元）的 38.6%。除了宝莱坞之外，还有孟加拉邦、安德拉邦、克什米尔等地的电影生产基地，它们共同构成了市场庞大、数量众多、类型多元的印度电影。

到目前为止，雇员数量和电影生产量占据着世界第一的位置。同时，宝莱坞的海外影响力正在逐年上升，随着印度移民在海外的扩散，以及全球各地对宝莱坞歌舞剧的认可，不仅在南亚，甚至在东亚、欧洲和美洲，宝莱坞的影片也广受欢迎。2009 年上映的《三傻大闹宝莱坞》是迄今为止海外票房最高的宝莱坞电影，海外票房收入为 2390 万美元。该影片上映后风靡亚洲甚至为全世界所周知，这部电影有着印度生活的真实写照，有搞笑幽默的剧情，同时加入歌舞的特点，使人们更加了解印度，把印度推向了大众的视野。之后，《我的名字是可汗》和《追踪再现Ⅱ》两部电影分别以 2215 万美元和 1170 万美元的海外票房紧随其后。可以看出宝莱坞的电影在海外也广受欢迎。

一部电影《贫民窟的百万富翁》，使得孟买的贫民窟为世界影迷所熟知。现在贫民窟探险已成为孟买火热的旅游项目，一般由在贫民窟长大的孩子担任向导，如果游客没有向导的带领，一定会在像血管一样纵横交错的迷宫似的贫民窟中迷失方向。

影视城是以影视拍摄基地作为基础发展而成的，专门为了影视剧的拍摄提供场所和后期制作，同时，还经营旅游开发、酒店餐饮等。与所有影视基地一样，宝莱坞里也充斥着全世界的仿制道具，一切都是为了拍摄需要，这是人造的世外之地，影视基地布置有复刻版的泰姬陵、喜马拉雅山、凡尔赛喷泉等，各式各样的西方知名建筑，这里一应俱全。据相关统计，这里一年吸引150万游客，成为仅次于泰姬陵的印度第二受欢迎旅游景点。在孟买，游客可以花100美元请旅游公司安排一次“宝莱坞之旅”体验真正的电影之旅，游客们在导游的带领下不仅可以了解宝莱坞的电影拍摄技术，还可以实地参观电影的拍摄片场。

（2）影视植入式营销

印度的历史悠久，可以追溯到公元前3200年印度教被确立的年代。除印度教外，印度还有佛教、锡科教、犹太教、基督教和伊斯兰教等多种宗教信仰，星罗棋布的庙宇、城堡等历史遗迹是广大朝圣者心中的圣殿。电影《我的个神啊》向观众详细地展示了印度这个宗教种类繁多，笃信宗教的国家，满足观众对印度社会、印度宗教的好奇心，并且进一步提升了印度的认知，从而激起对这个神秘国度的好奇，想要一探究竟。而且这部电影是由印度国宝级演员阿米尔汗主演，海内外有着不少影迷。影视植入式广告也是一种“意见领袖”式的“口碑传播”，经由明星、名人的“偶像效应”对旅游产品做出生动的宣传和诠释，能较快地让景区品牌和知名度得到提升。

（3）城市营销

近年来，城市营销受到大量的关注和实践。如何提升城市乃至国家的知名度和核心竞争力已经成为世界课题，影视剧就是强有力的城市宣传手段。将城市形象置于影视剧中，潜移默化加深观众对城市的印象，同时城市形象丰富影视场景，两者互相成就。据相关报道，迪拜也邀请宝莱坞取景拍摄电影，想要借机带动迪拜旅游业发展。

电影《摔跤吧！爸爸》是一部优秀的印度电影作品，在国内外都获得了很好的反响，最后以傲人的票房收官，这样高票房的影片也为印度做了极大的宣传。印度的宗教、民族、风俗、文物在影视作品中时常出现，如虔诚朝拜清真寺、流芳百世爱情故事的泰姬陵、东方神秘气息的香料、包着头纱的女子还有各种配饰，都体现了这个与众不同的东方国度的魅力。除了本土电影外，中国的《西游记》的终点就是印度，这也为印度增添了一层神秘的宗教面纱。

（二）韩国（釜山市）

1. 韩国（釜山市）简介

大韩民国，简称韩国。韩国位于东北亚朝鲜半岛南部，三面环海，北部与朝鲜相邻，与中国隔海相望，是中国游客非常喜爱的一个热门的旅游国家，首都为首尔。釜山市位于韩国东南部，是韩国的“第二大城市”，同时釜山港是世界上最繁忙的港口之一，所以釜山市也是韩国的第一大贸易港口城市。

釜山拥有海陆空立体交通，是韩国重要的交通枢纽，凭借国际机场、国际轮渡港、集装箱港、高速公路、铁路等发达的交通系统，进一步强化了其交通运输优势。气候方面，处于温带的釜山是海洋性气候，夏季年平均气温在 29~31℃，冬季在 7~9℃，春秋两季是最宜人的旅游季节，夏季的气温数据和拥有著名“避暑山庄”的中国河北省承德市基本一致，而在冬季，南海暖流也为釜山市驱散了首尔市等韩国城市面临的寒冷天气。

釜山市将文化产业定位为本市经济发展的支柱产业而重点扶持，其中旅游会展产业、电影 /IT 产业皆被列为核心战略产业，目标是建设国际电影中心，成为东南亚文化旅游城市。

2. 营销策略

（1）植入式广告营销

2004 年，由影视作品引发的韩国大众文化产品在东南亚社会的广泛流行，形成了“韩流”现象。在“韩流”的影响下，融合了旅游与影视、音乐等文化要素的旅游产品，不仅改变了东南亚游客对于韩国的固有印象，而且还对韩国产生了深深的好奇。

釜山市一直有韩国电影之都的美誉，作为风景旖旎的海滨城市，历来是许多导演的倾心之地。如夺得 2004 年戛纳电影节评委会大奖的电影《老男孩》的外景地之一就是釜山市火车站附近的上海街；描写兄弟情谊的电影《朋友》所使用的是韩国最大的海鲜市场札嘎其市场；电影《海云台》的拍摄地是与之同名的韩国八景之一的海云台海滨浴场；2014 年上映的电影《国际市场》的拍摄地釜山国际市场——花粉之家借助电影之光成为釜山代表性的旅行路线之一；2016 年出品的电影《釜山行》，让釜山这座城市更加闻名世界，使其在国际上的知名度得到大幅提升，吸引了来自世界各地的游客前来观光旅游。

无论是有心栽花，还是无心插柳，电影里植入进去的釜山市景点都因此名声大噪。例如电影《海云台》是以被巨大海啸席卷的釜山海云台为背景，讲述在危急中艰难求生存的人们的故事。影片中出现的海云台海水浴场、广安大桥、海云台市场等都是釜山标志性旅游景点。随着电影的上映，海云台的游客人数增长了10%。釜山市政府趁机大力宣传，凡是拍了电影的地方，都挂起《海云台》取景地的大横幅以吸引游客前来打卡。

（2）旅游体验营销

对于喜欢电影的游客而言，来到韩国釜山旅行，一般都会找寻一些与电影相关的景点游玩。釜山电影体验博物馆是韩国首家电影体验博物馆，馆内面积有11000多平方米。里面设有多项创新互动体验设施，让游人能够随时体验电影制作的奇妙。例如，利用绿幕的拍摄技法把拍摄对象合成到电影画面里，让游客感受到电影场景中主角的神奇体验；还可以去电影配音间为电影配音，体验一次当电影明星的快感。

（3）节事会议营销

釜山市能够成为韩国的电影之都与近年来釜山国际电影节的成功举办密不可分。釜山国际电影节创办于1996年，是韩国最大的、亦是亚洲最重要的电影节之一，受到釜山市政府、电影界、企业界等部门的支持与资助，于每年9—10月在韩国第二大的港口城市釜山举行。

釜山电影节最早的举办的目的是促进韩国电影工业的发展，致力于挖掘新人新作，为亚洲电影走向世界提供更广阔的平台。在四届影展之后，釜山电影节迅速发展壮大，俨然成为亚洲最具影响力的国际电影节，并吸引了全球电影人的目光与关注。

每年釜山电影节的举办，都会吸引大批明星会聚于此，众星云集，明星效应所带来的影响也让越来越多的人认识釜山市。

（4）网红打卡点

釜山西南部的甘川文化村有“韩国的圣托里尼”“釜山的马丘比丘”的美誉，还被评为“亚洲最美丽村庄”。甘川文化村是1950年太极道信徒和6·25避难人民共同聚居形成的，至今仍保留着釜山近现代的历史痕迹。为了保持这一特色，充分发挥文化村历史价值，艺术家们和当地居民共同携手打造了这些民间文化艺术，最后成为美丽漂亮的壁画村。

游客漫步于甘川文化村，随处可以看到色彩鲜艳的壁画还有代表甘川文化的各种鱼的造型。正因为这种独特的艺术风情与原生态村落文化的完美结合，使很多韩国影视作品选择这里作为外景地。

（三）日本（小樽市）

1. 日本（小樽市）简介

日本国，简称日本。日本是一个高度发达的资本主义国家，也是世界第三大经济体。其资源匮乏并极端依赖进口，发达的制造业是国民经济的主要支柱。但以动漫、游戏产业为首的文化产业和发达的旅游业，则让日本享誉世界。

日本三大都市圈是东京都市圈、大阪都市圈和名古屋都市圈。小樽市，日本北海道西南部港口城市，是日本三大都市圈之外的札幌都市圈的组成城市。小樽市原本只是一个小渔村，后来成为指定的国际贸易港，曾被称为"北方的华尔街"。但繁华过后却成了一个落寞地小港口，人口外流、国际货轮不再。但小樽市善用旧有、废弃的仓库等公共设施和城市的古老建筑，由一个过气的小商港发展成观光重镇、浪漫之都。

2. 营销策略

由冯小刚执导的电影《非诚勿扰》在国内上映后，作为外景地之一的日本北海道，其美丽独特的风景引起我国游客极大的兴趣。有人说，在一生中至少要去四次北海道，每一次去它都会展示出不一样的风景。北海道春天樱花遍野，夏天鲜花五彩缤纷，秋天红叶层林尽染，冬天银装素裹。如果只能在一个季节去北海道，那一定是在冬季。刚刚入冬，北海道便是一片白色，这里的雪温柔而细腻，北海道的小樽市就是一个极致浪漫的雪国小镇。

（1）植入营销

1995 年，电影《情书》在日本上映，在全亚洲刮起清新纯爱风潮，包揽大奖无数。电影不仅俘获一众男女的心，与此同时，电影的取景地——小樽市，也成为观众心里惦记的北海道小镇。影片中女主角全力奔跑的天狗山滑雪场、风雪中邮差骑行爬坡的船见坂、柏原崇藏在图书馆窗帘后的盛世美颜，都成了影迷心中永恒的记忆。

许多观众会因为一部电影爱上一座城市。电影《情书》上映后，不少游客在开始北海道之旅时，纷纷将小樽市列为必去之地，不为别的，只因为小樽市正是《情书》的拍摄地。

小樽市是一个很小的城市，走在那里，很容易就可以将现实与电影中的画面相对应，无论是电影中能够一直通向海边的坂道——船见坂；还是最后渡边博子在雪中呼喊的雪地——天狗山，游客置身于山顶，看着满山的积雪，渡边博子那一声声“藤井树君，你好吗？我很好！”仿佛就在耳畔，又或者是女藤井树偶尔经过的繁华路口——童话十字路口，都会牵出影迷们的阵阵回忆。

小樽市在电影《情书》上映前，缺乏较高的知名度和固定的目的地形象，通过利用植入式营销打开了国际旅游市场，扩大了市场的知名度，建立起了新的目的地形象，从之前的“北方华尔街”到现在的“浪漫之都”，从而增加潜在游客和直接游客。同时，电影里小樽市的目的地特性与电影主题比较匹配，使得影片传播效果更好。

（2）明星效应

柏原崇，被称为日本20世纪最后一位美少年，他的两部电影作品《情书》和《将太的寿司》都与小樽市有着不解之缘。在电影《情书》一个经典的片段是男藤井树往女藤井树头上套纸袋子，柏原崇将少年笨拙地向心爱的姑娘表达爱意的懵懂表现得淋漓尽致。这个片段的取景地是小樽市的手宫公园，这里种植了700多棵樱花树，是小樽市著名的赏樱胜地；小樽市的寿司极具盛名，柏原崇主演的电影《将太的寿司》，背景正是放在了小樽市的一个寿司世家。小樽市有一条寿司街，名为寿司屋通，位于花园银座大街附近，短短几百米的路上，聚集了20多间寿司店。这里也是电影《将太的寿司》的取景地。许多仰慕柏原崇的粉丝都希望追随他来到小樽市，看一看冬天北海道的浪漫，尝一尝小樽市的海胆寿司。

（3）体验营销

小樽市最出名的玻璃工业，让这个城市有“灯的故乡”的美誉，精致的玻璃工艺，是小樽市的另一种浪漫。市区有多个玻璃工艺工厂，玻璃工艺品琳琅满目，小到常见的咖啡棒，大到华丽的大花瓶，令人目不暇接。

电影《情书》中男二号秋叶的工作室设定在日本神户，但实际的取景地依然在小樽市，这是小樽市运河边上的一家吹玻璃工艺体验工坊，游客可以在这里购买玻璃工艺品或自己亲手制作出玻璃制品。通过旅游过程中的场景再现，使旅游者身临其境，增加游客的体验，为纪念品注入人文情感和特殊的含义。

(四)泰国(曼谷市)

1. 泰国(曼谷市)简介

泰王国，简称泰国。位于中南半岛中部，其西部与北部和缅甸接壤，东北部是老挝，东南部是柬埔寨，南边狭长的半岛与马来西亚相连。

泰国属于热带季风气候，全年分为热、雨、凉三季，年均气温在24~30℃之间。泰国不仅是一个温暖、湿润的热带国家，也是一个备受欢迎的旅游国家，在近30年的发展中，旅游业对于泰国经济的发展具有很大的贡献。泰国还是世界十大旅游国家之一，迷人的热带风情以及独特的佛教文化是吸引游客的重要因素。

曼谷市，是泰国的首都和最大的城市，别名是“天使之城”，位于湄南河东岸，是泰国政治、经济、贸易、交通、文化、科技、教育、宗教的中心。曼谷被誉为是“佛教之都”、融合东西方文化、包罗万象的“天使之城”。近几年，越来越多国家的剧组到曼谷来拍摄电影、电视剧、综艺节目，曼谷凭借着迷人的热带风情、美丽的自然风光、独特的文化背景、便利的旅游硬件、友善的人文环境，正在成为全球重要的影视基地。

2. 营销策略

(1)影视旅游目的地营销

2012年，中国电影界出现了一匹疯狂的黑马，这就是电影《人在囧途之泰囧》。这部影片最终以12.7亿元的票房成为当年国产片的冠军。《泰囧》对泰国旅游业特别是曼谷、清迈等目的地旅游业的发展具有显著带动作用，赴泰国旅游的人数大大增加。

当初，导演徐峥去泰国旅游时，看到那里的风土人情，获得了拍摄电影的灵感，之后，去泰国取景并没有想到会促进泰国的旅游，只是无心插柳，结果让看完电影的观众，纷纷前往泰国感受电影拍摄地的人文风情。

在影视营销模式的选择中，电影《泰囧》用到的模式主要有影视外景地旅游、影视故事发生地旅游和影视文化旅游三种模式。不同于一般的影视营销，仅仅停留在对景点的自然风光进行宣传。在电影《泰囧》中，拜佛、逛寺庙、做 SPA、看人妖、打泰拳等，这些异域风情十足又极具体验性的项目，为游客到泰国旅游提供了丰富多彩的旅游活动。这些富有泰国当地特色的风光、美食、民俗在影片中不是生硬地植入，也不是有意地宣传，而是与电影情节融为一体，让观众笑中带泪，真情实感地感受到了泰国的异域风情。

看完影片后除了让观众看到浓郁的丛林、河流中的大象等充满异域风情的热带风光之外，还让观众获得了泰国的风光、风俗、民情等旅游信息，较大程度地激发了前往泰国旅游的热情。很多游客前往泰国旅游的目的就是体验剧中人物在泰国的经历。这部影片可以说是一部成功的旅游目的地宣传片。

（2）积极的影片作品宣传

2013 年，腾讯空间里发布的一份题为电视《大数据里看电影》的数据报告中指出，社交平台的话题量与电影票房之间是成正比关系的。即“话题越多，票房越高”。当事方可以对社交平台的话题进行引导和设计，实现与受众之间的互动分享，扩大传播效果。

电影《泰囧》不只在中国取得了近 13 亿元的票房，还在泰国取得了 62 亿泰铢的票房，也令泰国影迷见识了中国式的幽默，这部影片在中泰两个国家都有着很高的话题量。随着电影《泰囧》的热映，泰国旅游局也来到我国宣传自己的旅游城市。不仅如此，泰国前总理英拉为了表达对电影《泰囧》的感谢，专程接见了导演徐峥和《泰囧》的摄制工作人员。这是我国电影史上第一次因为拍一部电影受到当地国家政府领导人的接见。同时，她更盛情邀请我国其他电影制片人和导演赴泰国取景，并承诺泰国政府将提供相关便利。

（3）名人式营销

泰国电视剧陆续登陆中国一些城市掀起“泰剧热”，也吸引了不少国人来到泰国旅游，这也是一种覆盖范围广并且能够直接达到消费者的宣传途径。与此同时，泰国明星也开始受到欢迎，泰国旅游局利用泰国明星在我国市场的影响力，聘请泰国明星担任“旅游大使”协助旅游局宣传介绍泰国旅游。

马里奥·毛瑞尔是最有名的泰国明星，在我国的粉丝有三百多万人，具有较大的影响力，因此，泰国国家旅游局邀请马里奥作为国家市场的旅游形象宣传代表，在我国的一些城市进行泰国旅游市场的宣传与推广，介绍泰式生活。同时，也举行了“泰旅局邀请中国游客和马里奥一起游泰国”的新闻发布会等一系列宣传泰国旅游的活动。

(五)俄罗斯(莫斯科市)

1. 俄罗斯(莫斯科市)简介

苏联解体后，俄罗斯成为世界上国土面积最大的国家，俄罗斯即俄罗斯联邦，其疆域横跨欧亚大陆的北部。幅员辽阔的俄罗斯有194个民族在这片广袤的土地上生活并且共同构成了统一的多民族国家。

莫斯科市是俄罗斯的首都，也是俄罗斯的政治和文化中心。这里不仅有世界闻名的红场、克里姆林宫，更有大大小小的影院、剧院、博物馆、美术馆、展览厅，无一不在散发着俄罗斯深厚的文化底蕴和无穷的艺术魅力。莫斯科市地处东欧平原中部，莫斯科城又依莫斯科河而建，蜿蜒的莫斯科河流过全城，这里的冬季漫长寒冷，每年11月至次年4月是稳定的积雪期。

历经800多年的变迁与发展，莫斯科市从1147年坐落于莫斯科河与涅格林娜河交汇处的一个小镇成为一座现代化的国际大都市，辉煌、瑰丽的宫殿见证了莫斯科市悠久的历史，也见证了莫斯科市的政治演变。

2. 营销策略

(1)影视旅游

2020年的新年贺岁档——喜剧片《囧妈》，其美轮美奂的镜头让人目不暇接，简直就是“俄罗斯旅游宣传片”，故事从那一辆穿过中、蒙、俄三国的列车开始，跟随这列列车从我国一路向西驰骋，穿过蒙古高原；路过世界上最大最深的淡水湖；穿过西伯利亚的雪国秘境，带领观众领略俄罗斯古朴大气的车站，沿途的原始森林，深蓝深邃的贝加尔湖、灯火璀璨的莫斯科市……

凭借这部影片，俄罗斯以美轮美奂的形象走进了更多中国人的视线里。

(2)军事旅游营销

提到莫斯科，我们会自觉地想到19世纪五六十年代那些经典的与莫斯科这座城市息息相关的影视和书籍作品：《莫斯科不相信眼泪》《莫斯科保卫战》《战争与和平》《这里的黎明静悄悄》。这些是历史的转述，通过影视给我们展现了曾经炮火中的莫斯科。在前往俄罗斯的游客当中有一部分是军事迷，他们痴迷于二战时期的武器装备，也热衷于观看与二战时期相关的那些电影。而在莫斯科有一处电影拍摄地——莫斯科电影制片厂（Mosfilm），在这个地方，它不仅可以将游客直接带入那个战火纷飞，入目皆是废墟的年代，也能满足游客带着渴望和畏惧的心去探寻和打卡电影中的场景，并且在莫斯科电影制片厂里停放着很多维护良好的老式坦克和装甲车。

俄罗斯法律容许个人或机构登记持有退役坦克，所以，俄罗斯会有专门的公司提供坦克体验。莫斯科有3个俄罗斯公司可以提供坦克乘坐体验服务，可以大大地满足军迷游客对军事器械的好奇心。

（六）印尼（巴厘岛省）

1. 印尼简介

印度尼西亚共和国，简称印尼，是世界上最大的群岛国家，其所拥有的大大小小岛屿约1.7万个，被誉为“千岛之国”。但是，大部分岛屿属于无人居住的孤岛，岛上的动植物长期与世隔绝，这使得印尼的海岛成了许多珍稀动物的乐园。印度尼西亚群岛曾被西方野生动物学家称之为“失落的世界”，相互孤立的天然岛屿拯救了许多珍稀的野生动物。印尼位于亚洲东南部，但疆域横跨亚洲及大洋洲，与新加坡、澳大利亚等国隔海相望。由于印尼地跨赤道，其气候属于热带雨林气候，终年高温多雨，没有四季之分。在每年7—9月，北部地区会受到北半球季风影响而导致降水颇丰，12月、1月、2月则是南部地区受到季风影响。

巴厘岛省，简称巴厘岛。巴厘岛是印尼群岛中最闪耀的那一颗明珠，位于印度洋赤道南方8°，它的地势东高西低并且山脉纵横，北部的火山带贯穿东西，而阿贡火山是巴厘岛的最高峰。优越的地形和气候条件造就了万种风情、风光绮丽的巴厘岛，与众不同的风俗和艺术更是为巴厘岛锦上添花。

2. 营销策略

（1）影视营销

2010年，电影《Eat, Prey, Love》强势席卷银幕。该片由美国当红导演编剧瑞恩·墨菲执导，演员阵容更是奥斯卡级别外加新生代影星——奥斯卡影后朱莉娅·罗伯茨、奥斯卡最佳男配角哈维尔·巴登，星光熠熠的演员阵容，为这部电影带来了极高的热度和话题，观众也更是投来了极高的关注度。

2010 年，巴厘岛全年共接待 230 万外国游客，在电影播出后，2011 年 1 月，前往巴厘岛的游客就比 2010 年同期增长了 17%，全年外国游客再次打破纪录，超过 250 万人。

这部电影选择了巴厘岛多处地点作为取景地，电影开篇映入眼帘的就是德格拉郎梯田：晨光照射在绿色的梯田上，反射出阵阵金光，在梯田中跳跃不断，伊丽莎白骑着单车愉悦地行走在稻田之中。田间点缀着绿油油的椰子树，偶尔一阵清风吹过，沙沙作响。伊丽莎白与男主人公的美妙邂逅则选择在充满艺术气息的乌布镇，浓密的白云在郁郁葱葱的椰林上方翩翩起舞，摇曳生姿，小山丘上密密匝匝地布满了各种叫不出名称的树木、花、绿草，远看红绿相间，交相辉映；近看生机勃发，春意浓郁。

电影为巴厘岛旅游线路规划提供了新的方向。游客可以追随着女主在电影中走过的历程，放松身心放缓脚步，悠闲地踩着单车，在热闹的乌布镇上沉浸于艺术的气息中，欣赏巴厘店铺门口琳琅满目且充满民族风情的小商品，如藤编的包包、手袋、木雕、纱笼等。效仿影片中女主角购买一个巴厘岛风情的小画扇，身上披着一条染色布艺披肩，背着编制的彩色条纹包；或在德格拉郎梯田中觅得一处咖啡馆，坐在窗边细品独具特色的猫屎咖啡，感受夕阳映照下如金色的蜜一般温暖恬静的乌布，领略纵横交错的梯田。

梯田间美妙的田园风光与热带风情结合，静谧安宁中又流露出活泼和热烈，俨然如世外桃源一般，游客效仿电影前往巴厘岛去找寻心灵的那份宁静，感受巴厘岛的绰约与浪漫。

（2）综艺营销

2019 年，由黄子韬、周冬雨、王彦霖、尹正等当红明星组成的一支着力于环保的先锋青年旅行队，前往世界各地感受即将消失的自然环境。在这档综艺节目中有两期节目选择前往印尼，一期在苏门答腊岛拍摄，一期在巴厘岛进行拍摄。

该综艺节目展示了印尼珍稀独特的生物、优良的环境，从而激发了游客前往印尼旅欧观光的热情。

(3)明星效应营销

众多的浪漫爱情影视剧取景地选在了印尼的巴厘岛,例如:韩剧《巴厘岛的故事》《皇太子的初恋》,电影《Eat, Prey, Love》。除此之外,一些知名影视剧演员也将自己的婚礼选在巴厘岛举办。

巴厘岛自身本就是一个适合恋爱的岛屿,热带的沙滩,湛蓝的海水,热情的阳光,茂盛的雨林,甜蜜的恋人。在整个巴厘岛上有三十多个富有特色的婚礼堂,可以为新人们提供经典式的婚礼,如流行式的婚礼、个性奢华式的婚礼等,这里还有高端的酒店、优质的服务、奢华的环境。

影视剧将巴厘岛的氛围烘托得温情浪漫,而众多明星将婚礼选在巴厘岛又极大地促使游客产生前往巴厘岛的兴趣,让游客感觉和明星在同一个地方结婚不失为不错的选择。

(七)越南(宁平省)

1. 越南简介

越南社会主义共和国,简称"越南",北与中国广西、云南接壤,西与老挝、柬埔寨交界。越南地势西高东低,境内四分之三为山地和高原,北部和西北部为高山和高原,中部长山山脉纵贯南北。越南境内河网密布,主要河流有北部的红河以及南部的湄公河,这两条河流形成了广阔及肥沃的两大平原:红河三角洲平原和湄公河三角洲平原。越南全国地处北回归线以南,高温多雨,属热带季风气候。年平均气温24℃,年平均降雨量为1500~2000毫米。北方分春、夏、秋、冬四季,南方雨旱两季分明,大部分地区5—10月为雨季,11月至次年4月为旱季。

位于越南东北部沿海地区的宁平省,属红河三角洲,与清化省、和平省、河南省、南定省相邻,临近北部湾,并且,宁平省距离其首都河内只有100多公里。

宁平(省会城市宁平市)虽然没有其他城市繁华,但却有着大城市所不具备的安逸,作为拥有千年文化历史的古都,宁平市这座城市浸润了越南的民族文化,这里山水如画,有不少名胜古迹,如体现越南建筑传统特色的法焰石寺,整个寺庙都是用石头砌成;还有风光如画的花芦和三谷风景区等。

2. 营销策略

（1）影视植入营销

2017 年上映的好莱坞电影《金刚：骷髅岛》，讲述了一支集结了科考队员、探险家、战地摄影记者、军人的探险队，冒险前往南太平洋神秘岛屿的故事。作为首部选择在越南宁平市取景的好莱坞大片，该部影片获得第 90 届奥斯卡金像奖最佳视觉效果奖的提名，影片中的宁平市景色壮阔又充满神秘感。2016 年，当越南河内通讯社报道《金刚》的摄制组已经抵达越南宁平的时候，当年前两个月前往越南的国际游客持续增加。

除了这部电影以外，还有多部电影也在宁平市取景。荣获加拿大蒙特利尔和多伦多电影节大奖的电影《植物学家的中国女儿》，就是在宁平省三谷—碧洞拍摄的；以越战时期为电影背景的《沉睡的美国人》也是在宁平省拍摄的，这部影片让男主角一举入围奥斯卡最佳男主角提名。

这个“遗落人间的仙境”被导演的慧眼识中，一次次在大屏幕上绽放自己的魅力。宁平省的陆龙湾又被人称作“陆上下龙湾”，其地质结构与闻名的下龙湾基本类似。循着《金刚：骷髅岛》的脚步，游客乘坐当地居民别具一格的脚划船，顺着蜿蜒的河流穿过三个神秘的洞窟，领略两边怪石嶙峋的奇妙风光。

（2）历史文化营销

历史文化是每个国家特有的文化遗产，具有各自的特征和内涵，这种文化内涵通过产品、服务等形式潜移默化地体现。宁平省位于红河三角洲的最南端，这个地方曾经是“大越帝国”的三朝古都，作为帝国首都将近半个世纪的时间，也是从宁平省开启了越南的千年皇朝。千年文化的积淀，这里处处都充满着历史的魅力。

2014 年 6 月 23 日，位于宁平省的华闾古都旧址，长安名胜群被联合国教科文组织认定为世界遗产，这也是全越南唯一一处自然与人文双重世界遗产。长安名胜群主要由华闾古都遗迹、长安—三谷—碧洞景区和华闾原始林区组成。其中华闾古都遗迹是越南历史的发源地，古都内的旅游吸引物有丁先皇祠、牌位以及仍保留着 17 世纪精致、独特的建筑和木雕风格的丁、李两朝皇帝庙宇等。

（八）新加坡

1. 新加坡简介

新加坡共和国，简称新加坡，别称“狮城”，誉称花园城市。是一个多元文化的移民国家，主要民族为华人、马来人和印度人。新加坡位于东南亚，马来半岛的南端，三面环海，北隔柔佛海峡与马来西亚为邻，南隔新加坡海峡与印度尼西亚相望，毗邻马六甲海峡南口。新加坡的土地面积是721.5平方公里，海岸线总长200余公里，全国由新加坡岛、圣约翰岛、龟屿、圣淘沙、姐妹岛、炯岛等63个岛屿组成，最大的三个外岛为裕廊岛、德光岛和乌敏岛。

新加坡是一个城邦国家，故无省市之分，而是以符合都市规划的方式将全国划分为五个社区（行政区）。它们分别为：中区社区（120万人），东北社区（130万人），西北社区（83万人），东南社区（84万人），西南社区（83万人），由相应的社区发展理事会（简称社理会）管理。因此，新加坡首都就是新加坡市。

新加坡市区位于新加坡岛的南端，面积将近100平方公里。该市是新加坡的政治、经济、文化中心，有“花园城市”之称。

1819年，斯坦福·莱佛士在河口上岸，就预见新加坡适合发展转口贸易的经济潜能，于是，把新加坡开设为自由港，吸引各地商人前来进行贸易活动。根据全球金融中心指数2012年的排名，新加坡是第四大国际金融中心，而毗邻的吉宝港口是世界上最繁忙的港口之一。新加坡河从市区穿过，她把新加坡抚育长大，在河口上直立着一座乳白石的“鱼尾狮”雕像，它是新加坡的精神象征和标志。

2. 营销策略

（1）植入营销

电影《名侦探柯南：绀青之拳》于2019年4月12日在日本上映，而电影的取景地就是新加坡。

2017年秋天，永冈智佳导演和一众制作人员来到新加坡进行了为期4天的“剧本取材”，并入住了滨海湾金沙酒店，部分桥段也是在那期间创作出来的。制作人员通过与彼得·戈、来自滨海湾金沙酒店的人、新加坡旅游局的交流，了解了新加坡的背景。剧情确定后，为了确保真实性，制作人员又回到了新加坡，到访了实景地。为了通过电影吸引更多外国游客，电影的拍摄得到了新加坡旅游局的大力协助，鱼尾狮、滨海湾金沙酒店、摩天观景轮与新达城等标志性景点皆有出镜。

（2）影视＋旅游营销

新加坡被称为花园城市，吸引了不少影视剧组来此取景。

2015年，动作电影Hitman：Agent 47，选择的是新加坡中央商业区，主要拍摄的是激烈的车逐戏，一排又一排的出租车让人印象深刻。2016年，科幻电影Equals里的“未来感”，也是选择的新加坡景点，比如纬壹地铁站、滨海堤坝以及亨德申波浪桥等。

2018年，电影Crazy Rich Asians的场景选择的是新加坡的鱼尾狮公园、滨海湾花园。2020年，原创科幻电影West world的拍摄取景地也选在了新加坡。为了突出未来感，这次选取了新加坡许多的地点如：Atlas酒吧、牛车水（美食街）、滨海公园、螺旋桥、拉萨尔艺术学院、滨海盛景（Marina One）、滨海高速公路、国家美术馆、新加坡市中豪亚酒店、乌节路、皮克林宾乐雅酒店、乌敏岛、罗敏申路、新加坡艺术学院以及体育场地铁站等。

（3）体验营销

新加坡环球影城位于圣淘沙名胜世界度假目的地内，是东南亚首个和唯一的环球影城主题公园，也是来新加坡旅游必打卡的地方之一。新加坡环球影城总共建设有24个游乐设施和景点，其中18个是专为新加坡设计或改造的。多项顶尖独特的游乐设施与景点，融汇了电影主题及表演项目，让电影世界的神奇为游客开辟了一条别样的探险旅程。

二、欧洲

（一）丹麦（哥本哈根市）

1. 丹麦（哥本哈根市）简介

丹麦王国，简称丹麦。丹麦地处北欧，由众多岛屿组成，与挪威、瑞典相邻，发达的运输业为游客提供了极其便利的交通条件。属于温带海洋性气候，可以看到漫长的海岸线，宽阔的沙滩，优良的港湾。蓝天白云下，悠悠牧草间，你能感受到由大西洋吹来的柔柔的风。虽然丹麦是一个面积仅有4万平方公里的岛国，但这里高度发达，优良的福利制度使其被称为“幸福指数最高的国家”。丹麦因《安徒生童话》名声大噪,《安徒生童话》成为丹麦的代名词,它吸引了许多游客前来参观。

哥本哈根市是丹麦王国的首都、最大的城市及最大的港口,是最具童话色彩的城市。这里气候温和、有着宜人的城市环境和安逸的生活方式,被联合国人居署评为“全球最宜居的城市”,并给予“最佳设计城市”的评价。其最广为人知的是丹麦的大文豪——安徒生,安徒生在哥本哈根度过了他的大半生,很多哥本哈根的景色皆成为他创作的灵感。这个迷人的城市集聚着充满童话气质的古堡与皇宫、乡村与庄园,充满了浓浓的艺术气息。

2. 营销策略

(1)文化营销

①安徒生童话 IP 营销

《安徒生童话》是儿童文学中重要的一抹色彩,丹麦因《安徒生童话》被称为“童话王国”。作为童话的发源地,作者安徒生为这座城市增添了梦幻、神秘、浪漫的色彩,使人们都对这座童话的王国充满着向往,在丹麦的众多著名旅游景点中,也充分体现了这一童话作品为这座城市增添的旅游价值。丹麦的古堡充分利用童话色彩,在现实中加入童话这一元素吸引游客,如阿美琳堡宫的王家卫队换岗仪式;被誉为“丹麦最斑斓的一角”的赫尔辛格,这一切都使得丹麦神秘沧桑,真实地展现了童话中公主的城堡。还有哥本哈根著名景点小美人鱼,它是以安徒生童话《海的女儿》为原型的雕塑像,每年吸引超过 100 万的游客慕名而来。童话使丹麦闻名于世,丹麦旅游也因此获得了极大的发展,丹麦利用特色文化的传播和影响力对城市进行营销,塑造了城市新的形象。地域文化的差别是旅游者选择旅游目的地的关键因素,同时,地域文化差异越大就越能激发旅游者的旅游动机。

②丹麦历史文化营销

世界级的文化遗产为哥本哈根市的旅游增添了可观性。克伦堡宫是欧洲文艺复兴时期最重要的城堡之一,该堡建于 1420 年,为了防止海盗肆虐,保护海上运输,后来被改造为王宫。现在已成为对外开放的历史博物馆。此外莎士比亚著名悲剧《哈姆雷特》就是以克伦堡宫为背景创作的,因此克伦堡宫又称为“哈姆雷特城堡”。克伦堡宫因此而闻名遐迩,许多游客纷至沓来,这里也成为一大旅游景点。

市政厅广场是哥本哈根市最古老的商业市场，具有 800 年的历史。登上广场内高 110 米的钟楼，就可以俯瞰整个哥本哈根市的市容。在钟楼门的上方，人们可以看到著名的"世界钟"，该钟可以显示世界各地时间以及各种天文时间。还有吉菲昂喷泉也是一个历史悠久的景点，它是由吉菲昂女神和四条牛及套犁等铜塑组成的。

（2）旅游体验营销（旅游 + 主题公园）

将游客与旅游环境紧密关联起来，游客可以得到更深层次的精神满足和愉悦。哥本哈根市的趣伏里乐园就是一个真正的童话世界，是全世界第二古老的游乐园，有"童话之城"之称。公园里有各种娱乐设施，如露天剧场、剧院、电影院、音乐厅及北欧最大的动物园和水族馆等，是哥本哈根市的市中心公园。趣伏里乐园充满一种天真淳朴的传统魅力，在这里游客会看到乐园的云霄飞车、金塔、女巫，以及一系列的表演，这里的一切既充满了童趣，又充满了童话的韵味。童话世界的一切总是令人神往的，置身于这座乐园，游客便进入了童话世界，一草一木，一花一景，乐趣横生，总有令人心动的地方。主题公园的建立不仅推动了当地旅游业的发展，还使童话文化的魅力在全世界范围大放异彩。

（二）英国（伦敦市）

1. 英国（伦敦市）简介

大不列颠及北爱尔兰联合王国，简称英国。英国是由大不列颠岛上的英格兰、威尔士和苏格兰以及爱尔兰岛东北部的北爱尔兰以及一系列附属岛屿共同组成的一个西欧岛国。除本土之外，其还拥有 14 个海外领地。本土位于欧洲大陆西北面的不列颠群岛，属于温带海洋性气候，全年温和湿润，四季寒暑变化不大。英国虽然气候温和，但天气变化无常。一日之内，时晴时雨。

伦敦市不仅是英国首都，还是英国的政治、经济和文化中心。城市内景点云集，吸引着不同年龄段的游客。除 30 座历史园林和 123 栋历史建筑外，伦敦市还有 200 座博物馆，600 座影院和 108 座音乐厅。伦敦的历史长达数千年，拥有四处世界文化遗产，它是一个集多种文化于一体的城市，全世界形形色色的文化和群体在这座城市中云集。

同时，伦敦的交通十分便利，拥有 5 个国际机场以及欧洲之星高速铁路系统。从伦敦乘坐飞机可在 3 个小时内到达 50 多个国家，并且拥有通往 310 个城市的国际直飞航班。市区内交通也十分方便，地铁、红色巴士和黑色出租车等交通工具能够让游客轻松快速地游览整个城市。

英国通过影视营销发展旅游业并传播本地文化取得了巨大的成功。《神探夏洛克》《哈利·波特》《王牌特工》和《帕丁顿熊》等影视作品被无数观众所喜爱，大家都深深地被独特的英伦文化所吸引。

2. 营销策略

（1）旅游体验营销

①影视旅游路线

《哈利·波特》系列丛书出版后被翻译成 70 多种文字，在 200 多个国家销售总销量达到 4.5 亿本，同时，哈利·波特系列丛书还获得了雨果奖、安徒生文学奖等一系列奖项。美国华纳兄弟电影公司把这 7 集小说改拍成 8 部电影，哈利·波特电影系列是全球史上最卖座的电影系列，总票房收入达 78 亿美元。而作为《哈利·波特》取景地的英国也因此蒙上了一层神秘而浓郁的魔法色彩，这一优秀的作品为英国的旅游业锦上添花，英国作为电影的取景地，吸引了很多来英国追寻哈利·波特足迹的游客。电影里神奇的场景，在伦敦都可以找到它们的影子，例如，神奇的魔法学校、古灵阁、通往霍格沃茨的特快列车、哈利上课的教室和学校的食堂，等等。围绕着《哈利·波特》展开的一系列的景点成为影迷们的必去景点。并且还有哈利·波特英国漫游指南帮助游客畅游伦敦。英国也相继推出哈利·波特主题线路等相关的旅游产品。

②电影主题公园

伦敦哈利·波特制片厂曾经是哈利·波特系列电影的拍摄地，后来被华纳公司买下来并改建成了一个主题公园，于 2012 年开始正式对外营业。在这里，观众不仅能够欣赏到该系列电影拍摄期间使用过的场景、道具、服装，还能了解到电影幕后的制作过程及花絮。片场自 2012 年 3 月对外开放后，成为全英国最为火爆的新景点，据估计，每天有 5000 人次参观，有望成为媲美迪士尼的著名主题乐园。这里不仅全方位立体式地还原了魔法世界，有室内场景区、室外场景区以及电影介绍区，还有许多互动项目，对于哈迷来说，去伦敦一定要去一次这个地方。

（2）文化营销

文化营销相对于实体营销而言，前者研究的对象是无形的价值观念，主要通过研究凝聚在有形产品中的价值理念来实现，是更深层次的营销活动。文化营销是有意识地发现、甄别、培养或创造某种核心文化价值来达成企业经营目标的一种营销方式。

许多人说，爱上英国从一只熊开始，自从电影《帕丁顿熊》上映后，这只与电影同名的熊就成了英国的“国宝级吉祥物”。这部电影不仅是一部温馨的动画片还是一部优秀的城市旅游宣传片。电影将英国多个地标性建筑和浓郁的英伦风情融入其中，将英国人保守、守旧，努力维持现状的特点以及英国深沉、严峻、讲究克己、谦让的绅士精神展现得淋漓尽致。许多观众表示，电影《帕丁顿熊》让他们觉得电影中的场景简直就是想象中的英伦气质的缩影。《帕丁顿熊》也被誉为“输送英式文化的伦敦宣传片”“从这只小熊身上体现出的绅士魅力，是英国最好的文化名片”。同时，它也成为宣传英国和英伦文化的大热 IP，和它有关的那些地标自然而然成为游客们必去的打卡地。文化营销以电影《帕丁顿熊》为载体，将独特的英伦文化融入营销活动中，强调其背后的英伦文化与情感内涵，构建文化亲和力，以满足消费者精神与文化方面的需求。

(3)影视衍生物营销

极具英伦文化的电影，例如，《哈利·波特》《帕丁顿熊》和《王牌特工》等电影，在选择拍摄地、演员服装、饮食文化等方面都十分讲究，这是影视业与商业紧密结合的重要策略之一。当地旅游局和相关文化旅游企业对影视衍生品进行了细致的开发。例如，在旅游纪念品开发上，最具英国绅士风格的电影《王牌特工》中定制西装与陈年美酒，都给人留下了深刻的印象，而伦敦正是能够将这两件纪念品收入囊中的好去处；电影《哈利·波特》的衍生品毫无疑问是哈迷们来伦敦绝对不能错过的纪念品，如魔杖、飞行扫帚、金色飞贼、学院主题产品等；在福尔摩斯博物馆，游客还可以购买夏洛克·福尔摩斯到哪里都不离手的烟斗；在帕丁顿车站，游客们可以购买身穿英式粗呢大衣和威灵顿长筒靴的帕丁顿小熊回家。总而言之，影视中能引起观众共鸣的关键点都以各种形式化身为旅游纪念品。

(三)法国(科尔马市)

1. 法国(科尔马市)简介

法兰西共和国简称法国。其地处欧洲东南部，位于阿尔卑斯山脉中南部，优越的地理位置使其具有雪山、海滩、峡湾、巨石、泉水、牧草等天然优势，滑雪、攀岩、潜水等项目应有尽有。法国的气候，西部属温带海洋性气候，南部属地中海气候，中部和东部属温带大陆性气候。总体上来说，大部分时候气候温和，环境优美，是一个适合居住的地方。

科尔马是法国东北部阿尔萨斯大区的一个小镇，也是上莱茵省首府。科尔马镇内是一个由许多不规则形状的广场组成的广阔步行区，广场之间的道路穿插着圣马丁教堂、人头屋等历史名胜。伊尔河支流酪赫河从科尔马静静淌过，清清的河水荡涤了浮躁的尘埃，素有“法国小威尼斯”的美名。科尔马镇是阿尔萨斯葡萄酒中心，是法国干白葡萄酒主要产区，是一座极具魅力的小城，以美丽的自然风光、神秘的酿酒工艺、保存完好的老城区、数量众多的标志性建筑物以及博物馆而吸引着世界各地的游客。

虽然科尔马是法国小镇，但其建筑却充满德国风格，如科尔马小镇随处可见的木筋屋，这些建于16世纪的木筋屋并非法式建筑，而是属于德国中南部盛行的建造风格，这和它的历史有关。因为科尔马地处法德交界处，17世纪以前，它属于罗马帝国（德意志帝国前身），以说阿尔萨斯语的居民为主。之后的300年间变换了17次统治者，直到“二战”后，才最终归属于法国，中学课本中一篇课文《最后一课》就是发生在科尔马的一个学校中的事件。尽管饱受战火的洗礼，数度易主，但直至今天，科尔马的大部分古迹，依然完好地矗立在大街小巷。正是这样的文化交融，才造就了今天科尔马独特的建筑风格和风土人情。所以，科尔马也被称为最具德国血统的法国小镇。

2. 营销策略

（1）影视＋旅游营销

2004年，日本动画大师宫崎骏的动画电影《哈尔的移动城堡》的场景原型就源于科尔马小镇。例如，小镇里独具特色的仿若积木的木筋屋，当年宫崎骏为了拍摄影片特意在这里进行了12天的取材之旅。

动画影片播出后，现实版童话小镇吸引了无数欧洲、日本、中国的观光游客前来探访，霎时间，许多为争睹童话小镇风情的观光客纷纷涌入这个小镇。

（2）城市形象营销

科尔马小镇通过将城市形象置于电影中，潜移默化地将城市的风格、特点、人文通过电影展现在观众眼前，让观众无形中加深对旅游目的地最初的印象。

当电影播出后，科尔马旅游局在城市形象设计中添加了很多童话元素。小镇的每栋木筋屋都配有美丽的彩绘装饰，路边还有随处可见的多彩花草。同时，科马尔镇的很久以前的建筑也仿佛是童话里的场景：圣马丁教堂的墙面用鹅黄色的石块堆砌而成，屋顶上铺着绿、黄、橙红色的鳞片形状砖瓦，色彩和花纹都罕见，与远处海关大楼的屋顶遥相呼应；建于 1537 年的普菲斯泰屋则古朴神秘，形状独特的尖顶和凸肚窗都十分抢眼；建于 1609 年的人头屋，正面有 105 颗人面头像，表情各异。

（3）广告营销

2017 年，由中国明星在泰国象岛经营的中国美食综艺《中餐厅》引爆了中国人的象岛游。而第二季，该导演独具慧眼选中了法国米其林小镇——科尔马。在这个小小的小镇里聚集了 7 间以法餐为主的米其林餐厅。在该综艺节目里小镇的镇长也出现在了综艺里，为明星们指导餐厅的开张事宜，同时，借机向中国观众宣传科尔马小镇。

在《中餐厅 2》播出的每一集里，关于拍摄小镇的景点几乎每一帧都可以截图做电脑桌面了。同时，随着《中餐厅 2》的播出，科尔马小镇也逐渐走进了我国游客的视野中，并在他们心中留下了深刻的印象，从而引发其出游的意愿。据相关数据显示，2017 年，《中餐厅 2》播出前，科尔马全年中国游客预订住宿天数为 4877 晚，但 2018 年这一数字一跃上升至 11640 晚，增长率高达 70%。科尔马旅游局公关负责人各比莉尔－史莱克表示，这次拍摄就像是在中国市场做了十年的免费广告。

（四）奥地利（维也纳市）

1. 奥地利（维也纳市）简介

奥地利共和国，简称奥地利。奥地利位于欧洲中部，是一个议会制共和制的内陆国家，下属有九个联邦州。它与多国接壤，北邻德国和捷克，东邻匈牙利和斯洛伐克，南邻意大利和斯洛文尼亚，西邻列支敦士登和瑞士。奥地利是欧洲重要的交通枢纽，经济发展较快。主要工业部门有机械制造、钢铁、化工、采矿、电子和汽车制造等，其农业发达，机械化程度高，服务业在奥地利经济中也占有主要位置，其中，服务业占奥地利 GDP（不含税和补贴）的比重为 69.8%（2013）。旅游业也很发达，全国有各类旅馆66400家，床位有110万张。外国游客主要来自德国、荷兰、英国、意大利、瑞士和比利时等国家。其境内的阿尔卑斯山是登山爱好者和冬季爱好者的理想去处，由西向南，一直延伸到维也纳盆地；萨尔茨卡默古特与克恩滕境内湖泊众多，蔚为壮观。

2. 营销策略

（1）影视旅游

电影《茜茜公主》在20世纪风靡全球，在如今仍是一部令人回味的电影。弗朗茨皇帝和茜茜公主之间的爱情，可能是19世纪欧洲王室中最凄美的故事，影片中的那些富丽堂皇的宫殿、教堂，显露着欧洲特有的华丽气质，也吸引了一批又一批的游客前往中欧去走访电影中的外景地或是寻觅茜茜公主的那些故事。影片中弗朗茨·约瑟夫一世与茜茜公主的婚礼一幕在维也纳最古老的教堂之一——圣米盖尔教堂取景，经过几次大火损毁和几代帝王重建，现在的教堂是新古典主义外立面，哥特式风格钟楼和巴洛克式祭坛的混合体。而在历史上，真实的婚礼是在奥古斯丁教堂举办的，这两座教堂都坐落于维也纳的市中心，游客可以前去参观，想象茜茜公主结婚当日的盛况。

除了结婚的教堂外，不可错过的还有霍夫堡和霍夫堡里的茜茜公主博物馆。游览皇宫的同时，了解茜茜公主传奇的一生，探寻电影以外真实的茜茜公主。而后徒步游览维也纳老城，先探寻茜茜公主钟爱的戴莫尔咖啡馆、购物大街、斯特凡大教堂等，接着游览茜茜公主的夏宫——美泉宫及美泉宫动物园（欧洲最早的动物园），体验维也纳的特色生活。

（2）广告营销

2018年3月，《奔跑吧》第二季首期节目选在奥地利维也纳取景。自2015年开播到2018年，《奔跑吧》积累了大量的观众，综艺收视率稳居前列。此次，选择奥地利取景向观众展示了奥地利的独特风光：连绵起伏的阿尔卑斯山横贯境内，美丽的多瑙河蜿蜒流淌，古典音乐气氛灌注城市的每个角落，绝美的景色直接收获观众的一波期待。奥地利时任总理塞巴斯蒂安·库尔茨也在《奔跑吧》节目中热情欢迎中国的游客前往并游览奥地利。

据《全球旅游目的地分析报告》显示，24.5%的中国游客表示，会在观看某部影视综艺后，对一个从未关注过的目的地动心，而去取景地“朝圣”“打卡”，走“明星同款”路线。在《奔跑吧》播出后，奥地利吸引了一众我国游客到访。2018年，奥地利创造了我国（包括中国香港）游客数量的新纪录，共有97.3万名游客来到奥地利。与2017年相比，增长了8%。在同期的120万人次入境中，奥地利的住宿量甚至达到167万，奥地利首都维也纳则是最受我国游客青睐的城市，维也纳的住宿量约占我国游客住宿量的36%。

（3）城市形象营销

提及奥地利，维也纳金色大厅就浮现在每个人的脑海中。古典音乐和这个国家有着深深的联系。维也纳养育了无数的优秀音乐家，维也纳新古典乐派的代表人物勋伯格、韦伯恩和贝尔格，还有那些出生在维也纳的音乐家舒伯特、老约翰·施特劳斯、小约翰·施特劳斯、兰纳和克热内克、海顿、莫扎特、贝多芬、李斯特等，他们都曾在维也纳学习、生活和投身音乐创作。

在维也纳，维也纳音乐大厅是最古老、也是最现代化的音乐大厅，自1870年举行首场演出以来，距今已有近150年的历史。在这里存有莫扎特、舒伯特等著名音乐家的手稿，金色大厅令全世界音乐爱好者神往，金碧辉煌的建筑风格和华丽璀璨的音响效果使其无愧于金色的美称。

维也纳国家歌剧院是世界上最著名的歌剧院之一，素有“世界歌剧中心”之称，原是皇家宫廷剧院。在这里不仅可以感受到音乐圣地带来的奇妙，整个华丽的建筑本身也非常值得欣赏。国家歌剧院整体是仿文艺复兴风格，建筑全部采用浅黄色大理石修成，正面门楼有5个拱形大门，楼上有5个拱形窗户，窗口上立着5尊歌剧女神的青铜雕像，尽显古典和奢靡。

（五）冰岛（霍芬镇）

1. 冰岛（霍芬镇）简介

冰岛共和国，简称冰岛。冰岛是欧洲最西部的国家，位于北大西洋中部，靠近北极圈，冰川面积占8000平方公里，为欧洲第二大岛。全境3/4是海拔400~800米的高原，其中1/8被冰川覆盖，有100多座火山，其中活火山30多座。冰岛几乎整个国家都建立在火山岩石上，大部分土地不能开垦，是世界温泉最多的国家，地热资源丰富，所以被称为“冰火之国”。

霍芬镇，又名赫本镇，是冰岛东南岸的渔港小镇，人口只有1000人，却是冰岛环岛旅行的必游景点。冰岛南岸的教堂镇与冰岛东部峡湾的埃伊尔斯塔济之间，仅有霍芬镇一座大型城镇，霍芬镇也因此成为冰岛旅行中的重要中转站之一。在霍芬镇上，游客可眺望到瓦特纳冰川的磅礴轮廓。瓦特纳冰川是欧洲最大的冰川，国家公园内的自然景致多样。冰岛南岸地区的斯卡夫塔山自然保护区就以冰川与植被、瀑布与山峦交织的极地风光而闻名；国家公园西北隅的斯奈山则尽显冰岛山景之壮观与野生动物之活跃，游客有机会在该地区邂逅粉脚雁和野生驯鹿。

2. 营销策略

（1）影视＋旅游

冰岛的千年冰川与火山岩浆，打造出了无穷无尽的幻境，让它成为地球上最像外星球的地方，也成为科幻电影最爱取景的国度。从诺兰导演的大热影片《星际穿越》到科幻教父雷德利·斯科特的电影《普罗米修斯》都避免选择CG特效，而来到遥远的冰岛，寻找他们心目中的外星球乌托邦。

辽阔的苔原、喷涌的间歇泉、壮美的冰川和瀑布构成电影中令人神往的大场面。电视剧《冰与火之歌：权力的游戏》最早于第二季在冰岛取景，此后冰岛成为剧组的常规拍摄地。冬季的斯卡夫塔山，冰川配雪山，成就了故事里北境（North of the Wall）的设想。

而在《星际穿越》中，曼恩（Mann）的冰之星球选择斯维纳山冰川取景。斯维纳山冰川也位于冰岛东南部，在斯卡夫塔山地区。

斯卡夫塔山自然保护区隶属于瓦特那冰川国家公园，因巨型的冰舌、多条徒步线路著名。斯卡夫塔山地区的冰川徒步与离首都更近的索尔黑马冰川徒步体验不相上下。

大概是斯卡夫塔山这些年的好莱坞星光助长了它的人气，一年四季，斯卡夫塔山地区的冰川徒步旅行团都是最受欢迎的特色户外项目。这一地区有很多地点不同、难度级别不同的冰川供徒步旅行团可选，穿上冰爪鞋，仿佛自己也踏上了冰雪星球，在探索外星世界。

对于冰岛，总是充斥着幻想。就如儒勒·凡尔纳的小说《地心游记》一般，或许那里会是通往地心的通道，地心的入口就埋藏在冰岛斯奈菲尔冰川下的火山。这是在儒勒·凡尔纳的原著《地心游记》中就已经安排好的设定。电影为与原著保持一致，特地来到冰岛拍摄。

（2）广告营销

芒果TV拍摄的综艺《小小的追球》，由四位明星组成的小团队来到了冰岛。综艺记录了团队在瓦特纳冰川徒步穿行，在瓦特那冰川下形成的天然蓝冰洞探秘，在冰河湖上乘船游行等。瓦特纳冰川也是电视剧《权力的游戏》的重要取景地，电影《星际穿越》中的曼恩星球也在此拍摄，这里黑色的火山石和蓝色的千年寒冰混合在一起，这是真正的“冰与火之地”。

美妙的画面和景色，丰富奇异的探险经历勾起了观众的好奇心和求知欲。除此以外，“明星效应”促使这部分游客前往冰岛，打卡自己喜爱的明星游览之地。

（六）西班牙（巴塞罗那市）

1. 西班牙（巴塞罗那市）简介

西班牙共和国，简称西班牙。西班牙是一个位于欧洲西南部的国家，与葡萄牙同处于伊比利亚半岛。它的领土还包括地中海中的巴利阿里群岛，大西洋的加那利群岛，以及在非洲的休达和梅利利亚。西班牙东临地中海，北濒比斯开湾，东北同法国、安道尔接壤，西部和葡萄牙紧密相连，南部的直布罗陀海峡扼地中海和大西洋航路的咽喉要道，与非洲大陆的摩洛哥隔海相望，伊比利亚半岛受大西洋气候、欧洲大陆气候和地中海气候影响，中部高原属大陆性气候，干燥少雨，夏热冬冷；北部和西北部沿海一带为海洋性温带气候，全年风调雨顺，植被很好，有“绿色西班牙”的美名；南部和东南部属地中海亚热带气候，日照时间长，夏季炎热，最高气温40℃；冬季温和，几乎全年无霜冻。大多人对西班牙的印象是明艳、活泼、欢快、热烈。事实上，西班牙确是如此，但不仅限于此。西班牙和欧洲的其他国家很不一样，不一样的人文，不一样的气质，让游客得到更深层次的满足。其独一无二又古朴雄浑的建筑给人带来视觉上强烈的冲击；灿烂的阳光照耀着澄澈的海洋，海岸边的居民楼也蓝白相间和海洋交相辉映；有塔韦纳斯沙漠充满了荒凉与壮美。

巴塞罗那（Barcelona）位于伊比利亚半岛东北部，濒临地中海，是西班牙除首都马德里外最大的城市。地中海气候带给巴塞罗那市的是一个温和湿润的冬日，这里依山傍海，气候宜人，风光旖旎，古迹遍布，被欧洲人誉为“伊比利亚半岛的明珠”。

2. 营销策略

（1）电影＋旅游

《午夜巴塞罗那》是由伍迪·艾伦执导，由斯嘉丽·约翰逊、丽贝卡·豪尔、哈维尔·巴登等人主演的爱情喜剧电影。虽然电影名字为午夜巴塞罗那，但拍摄地点却选在了西班牙的Gijón，但这仍然让不少人选择来到巴塞罗那旅行。无论是夜晚月光下庭院里的西班牙吉他，还是兰布拉大道上的各式鲜花，以及在桂尔公园的彩瓷长凳上恋爱的年轻男女、夕阳透过石头长廊的忽隐忽现的光亮，浪漫慵懒的气息无处不在。

伍迪·艾伦曾对巴塞罗那表白：“我非常喜爱这个城市，包括其所在的国家——西班牙，我想通过这部影片向它表达我最为崇高的敬意。巴塞罗那是一座色彩斑斓、充满了妙趣横生的浪漫城市，每当说起它的名字，人们最先想到的都是恒久不变的爱情主题，似乎除了巴黎之外，巴塞罗那已经成为全世界第二个将浪漫风情当成全部的城市了。”

巴塞罗那这个“角色”，在影片中也有具象化的精彩呈现：米拉之家、圣家族大教堂、四只猫餐馆、桂尔公园、米罗美术馆、圣保罗医院、加泰罗尼亚大皇宫、LaRambla大街、加泰罗尼亚风格的咖啡店……

那么多欧洲电影、文艺电影选择在巴塞罗那拍摄，让游客进一步感受到这座城市的美丽，它的别具一格的艺术、历史、建筑、民风。它的热情与安静交相辉映，明媚与温情深入人的灵魂，让游客欲罢不能。

（2）体验式营销

巴塞罗那备受中、日、韩综艺青睐。《花儿与少年》《花样爷爷2》《极速前进3》等都选择在这座充斥着人文艺术的城市拍摄。

《花儿与少年》和《花样爷爷2》综艺都是真实、接地气的明星旅游综艺，更倾向于旅游景点打卡，在节目中，旅行的线路除了包含必打卡的圣家堂、巴特罗之家之外，还有著名的加泰罗尼亚广场、奎尔公园等等。而《极速前进3》则更倾向于体验类的项目，综艺主要展示明星对于当地一些民俗活动的体验过程，比如说弗拉门戈表演。

综艺节目中对各个景点的拍摄引人入胜，对于特色的民俗活动描绘富有激情，进一步激发了观众想去巴塞罗那旅游的欲望。此外，在明星效应下，观众也想体验在综艺节目中明星规划的旅游路线，体验同款的旅游活动。

三、美洲及其他地区

(一)美国(奥兰多市)

1. 奥兰多市简介

奥兰多市是佛罗里达州最大的内陆城市,也是大都会区内最大的城市,位于美国佛罗里达州的中部地区。奥兰多市大都会区由 4 个郡县和 19 个城市群组成,是全美第 22 大都会区、美国南部第 6 大都会区和佛罗里达州第 3 大都会区。奥兰多市的地理位置得天独厚,位处一片沼泽地,有着内陆城市特有的大片森林和众多的湖泊,周边沿海城市还有阳光沙滩,非常适合度假。所以,奥兰多又被称为“美丽的城市”。

除了优越的地理位置,奥兰多市的气候也十分温和宜人。奥兰多市属于亚热带湿润气候,接近热带季风气候,大体上终年暖和,冬夏温差小,雨热同季。全年阳光明媚,四季温和,保持着令人适宜的 24 度平均气温,有着“阳光之州”的称号。因为其独特的气候条件,迪士尼选择在这里建造最大的迪士尼乐园——奥兰多迪士尼世界。

奥兰多市,是世界上公认最好的文化休闲旅游城市之一,也是一座典型的以文化休闲产业引导城市转型发展的城市。在这里聚集着世界著名的主题公园、刺激的户外娱乐、琳琅满目的购物中心和全球顶级的度假村。例如,目前世界上面积最大的迪士尼乐园、大型影视主题公园环球影城、世界第二大的海洋主题乐园、充满童趣的乐高乐园以及探索宇宙奥秘的肯尼迪航天中心。

同时,奥兰多市的高速公路系统十分完善,市区内前往任何一个地点几乎都可把控在 30~40 分钟车程内。奥兰多市的主要公路有三类:州际公路、州内公路和收费公路。奥兰多市国际机场位于奥兰多市中心东南方 10 公里处。2019 年,奥兰多市国际机场共运送旅客 5000 多万人次,成为佛罗里达州中最繁忙的机场,在全美也跃居第 10 大机场,几乎所有大型航空公司在这里都设有航班,可抵达国内和国际共计 135 个目的地。该机场也是佛罗里达中部地区的主要国际门户,44 家航空公司,每天有超过 850 个国际航班。

目前,奥兰多市主要的 7 大产业分别是休闲旅游、商业服务、教育和医疗、零售和贸易、行政管理、建筑工程和金融行业。因为这些产业的快速发展，不断为居民提供就业岗位，所以，促使奥兰多市的就业率逐年增加，连续四年成为全美就业增长率最高的城市。

2. 营销策略

2001 年，电影《哈利 · 波特》在全球上映，迅速火遍全球，其魔幻的故事背景与电影中令人震撼的场景吸引了全球各地的旅客。《哈利 · 波特》系列八部电影缔造了美国的票房奇迹，在全世界的票房总收入高达 76 亿美元，在好莱坞收获高票房的同时，游客更是慕名而来，想要体验电影中的魔法世界。

（1）体验式旅游营销

位于美国佛罗里达州奥兰多市的“哈利 · 波特魔法世界”环球影城主题公园，一开张就吸引了众多影迷前来游览。该公园由电影《哈利 · 波特》中的霍格沃茨城堡、霍格莫德小镇和对角巷三个部分组成，霍格沃茨学校和霍格沃茨魔法村分布在冒险岛，两处之间有霍格沃茨特快列车相连，可以往返乘坐。环球影城主题乐园中还陆续开放了通往其他园区的魔法列车。

游客们不但可以体验电影中出现的各类场景，如霍格沃茨魔法学校中的站台，还可以在这里购买仿真“魔杖”。除此之外，影城中还融入了面对面互动，游客可以在晚上自己选择住在霍格沃茨四个学院的休息室中的任意一个，体验更为刺激的玩法。还有最火爆的景点——古灵阁银行，古灵阁银行大楼的上方趴着一只可以喷火的龙。平常都会安安静静，但每隔 10~15 分钟，便会进行一次喷火的表演，让游客亲身体验神奇的魔法世界。

随着游乐设施的创新和不断完善，奥兰多环球影城中世界上最先进、最令人惊叹的游乐设备，结合丰富多彩的电影电视主题，给所有常规游乐项目注入了新的灵魂。例如，在以变形金刚为主题的 3D 游乐项目中，游客可以在观赏变形金刚的 3D 秀中，加入汽车人与霸天虎之间的战斗，或者在“卑鄙的我”主题项目中扮演可爱的小黄人，对于有爱好小黄人的游客来说是一项非常不错的游玩项目。以电影《蜘蛛侠》为故事原型改编的游乐项目，逼真的视觉效果结合多变的轨道设计，既有 3D 电影的身临其境，又有过山车式的惊险刺激。

根据统计，环球影城在开放后的五年内，每年都保持着超过 5% 的市场增长率，接待人数超过1亿。

（2）电影衍生品营销

影视作品和旅游产业相结合产生了“1+1>2”的效益。电影的成功不仅仅吸引了众多游客来此参观旅游，随之产生的电影衍生品也成为巨大的产业链。成熟的电影衍生品市场有着巨大的利润空间。这些衍生产品包括各种各样的玩具、文具、服装、饮料、食品等。

衍生品是好莱坞式惯用的营销手段之一，也是好莱坞工业得以支撑一个多世纪的内在原因。以美国动画电影为例，在美国市场，衍生品的收入占电影总收入的70%~80%。电影衍生品的开发模式，已逐步拓展到服装、旅游、教育等方面。这些衍生品的布局与影片同步进行，传达电影IP的价值。在美国政府和企业的合作下推出了哈利·波特一系列的衍生品，对于哈利·波特电影的影迷来说，收集电影衍生品在某种意义上来说就是一种情怀。例如奥兰多环球影视城中的魔杖店，店里面会有一个操着浓重英国口音的老头为游客挑选魔杖，游客在购买魔杖时一切就像电影中的情景再现一般。

（3）旅游市场细分营销

作为世界著名的旅游目的地，奥兰多市集合了众多主题公园并拥有广泛的受众面，具有强大的吸引力。奥兰多市有迪士尼魔法王国、迪士尼动物王国、奥兰多市环球影城等主题公园。奥兰多市因其鲜明的创意，独特的市场定位，完善的基础设施，丰富的娱乐活动在世界众多主题公园中脱颖而出。奥兰多市打破了人们对主题公园的刻板印象，将市场定位扩大，为不同年龄段、不同需求的旅游消费者设计出符合游客消费心理的娱乐产品。因此，它的受众面不仅仅有年轻的旅游者，在主题公园中还有适合老年旅游者游玩的歌舞剧和购物商店以及吸引小朋友的动画人物等。

环球影城中的两大主题公园——佛罗里达环球影城和环球冒险岛乐园。在佛罗里达环球影城中电影粉丝仿佛置身于喜爱的电影中，喜欢冒险的游客还可以在环球冒险岛乐园中享受独特体验的休闲娱乐，这是一个适合全家出游的主题乐园。

（4）节事会议营销

与此同时，奥兰多市还进行大型的节事活动来吸引旅客。例如，每一年都会举办的奥兰多国际主题公园及游乐设施展会。奥兰多橙郡会展中心是美国第二大的国际会展中心，每年承办近230个大小会展会议活动，接待来自世界各地的与会人士约140万人次。通过开展大型节事活动，可以提升旅游目的地的知名度和社会影响力，进而促进各地不同文化的交流与融合。主题公园和节事活动的结合，让许多游客愿意停留在奥兰多市，并为当地增加了更多的旅游收入。根据调查显示，外国游客从抵达到离开奥兰多市的停留天数平均为15天到20天，旅游天数相对于其他旅游城市而言更多。

（二）巴西（里约热内卢市）

1. 里约热内卢市简介

里约热内卢市是巴西联邦共和国最大的海港，位于巴西联邦共和国的东南部大西洋西岸，是里约热内卢市首府，也是巴西仅次于圣保罗的第二大城市。它面积1182平方千米，人口630万，在巴西联邦共和国有“狂欢节之都”之称。里约热内卢市在葡萄牙语中意为“一月的河”，因葡萄牙人1505年1月远航到此而得名，60年后开始建城，1763—1960年一直是巴西的首都。1960年4月，巴西政府将首都迁至巴西利亚，但现今这里仍设有相当多的联邦政府机关以及社团组织和公司的总部，故亦称巴西“第二首都”。

里约热内卢市除了是巴西的第二大工业城市和最大的商业中心，也是世界著名的旅游胜地。它有海滩30多处，总长达200公里，其中最为著名的“科帕卡巴纳海滩”沙白水洁，呈新月形，长达8公里。据统计，每年到巴西的200多万游客中，有近40%的人要到这座城市来，在这里，人们随处可见保存完好的古建筑物，它们大多已被辟为纪念馆或博物馆。巴西的国立博物馆，就是当今世界最著名的大博物馆之一，收藏的物品共有100余万件。里约市景观独特，山海交融的优美自然风光与人文景观巧妙和谐地融为一体，里约的主要景观包括蒂茹卡国家森林公园、耶稣山、创建于1808年的植物园、瓜纳巴拉湾以及科帕卡巴纳海滩等，这些景观成为音乐家、园林学家以及城市规划专家艺术灵感的来源。2012年7月1日，在俄罗斯圣彼得堡举行的第36届世界遗产大会上，将里约热内卢市的独特景观列入了世界文化遗产，里约热内卢市因此成为世界文化遗产中首个入选自然景观类别的城市。

作为“狂欢节之都”，巴西一年一度最具特色的狂欢节就在里约热内卢市举行，其中最具代表性的是桑巴化装游行，共有15万演员上场，历时 5 个通宵。当夜幕降临时，在无数的旌旗簇拥下，狂欢节游行人员出场开道，然后便是桑巴舞表演，身着炫彩服饰的桑巴舞者在热情奔放的音乐节奏中剧烈抖动身体，双脚飞快地移动、旋转，曼妙的舞姿让人眼花缭乱，引发全场沸腾。若在平时的夜晚，游客们还可选择去著名的俱乐部，观看桑巴舞表演。

2009 年 10 月 2 日，里约热内卢市获得 2016 年第 31 届夏季奥林匹克运动会举办权，2016 年 8 月 5 日，里约热内卢市奥运会在马拉卡纳球场开幕，里约热内卢市成为奥运史上首个主办奥运会的南美洲城市，同时也是首个主办奥运会的葡萄牙语城市，还在马拉卡纳球场举办过两届足球世界杯。

2. 营销策略

（1）影视旅游营销

2011 年上映的电影《里约大冒险》和 2014 年上映的电影《里约大冒险 2》，堪称最好的巴西旅游宣传片，影片中鸟儿们充满异域风情的冒险之旅，俘获了不少观众的心。里约热内卢市是导演卡洛斯·沙尔丹哈的出生地，这部筹划多年的动画片就是他精心献给家乡的影片。既然主要的故事背景是在里约热内卢市，桑巴当然是少不了的，不论是人还是鸟，片中都有热舞的场面，里约热内卢市一年一度的狂欢节“嘉年华”更是令人无法抗拒。虽未刻意地展示巴西风光，但在鸟贩子的追捕下，两只鹦鹉不得不从茂密的丛林，一路逃到美女如云的科帕卡巴纳海滩，令观众们在惊险与欢乐之余，顺便欣赏到艳丽绚烂的巴西风光。尤其在两只鹦鹉伏在滑翔伞上“搭便车”的一段，镜头俯瞰科尔科瓦多山，掠过堪比纽约自由女神像的耶稣像，深深震撼了观众的心，使观众产生了强烈的旅游欲望。

如果说，里约热内卢市的风光只是吸引了眼球，那么这部动画片的原声音乐则充分结合了巴西文化，为观众展现了不一样的桑巴文化。为配合南美风情，影片特地请到了巴西传奇音乐人、萨诺伐乐种的代表人物塞尔吉奥·门德斯，让其担任本片的配乐监制，与巴西著名打击乐演奏家卡里尼奥斯·布朗一起负责影片的配乐与声效。门德斯说，“我花费生命中的许多时间探寻这个世界上的音乐奇迹，而电影《里约大冒险》的配乐正是我这段旅途上非常有趣的一部分。”在片中，流行、桑巴、乡土、嘻哈、波萨诺伐与其他的音乐种类轻松地糅杂在了一起。不仅与画面完美结合，更让观众坐在影院里“忍不住边看电影边扭屁股”，个别观众甚至“看完还沉浸在音乐中，只好回家找波萨诺伐来听。”就连美国有名的娱乐杂志《好莱坞报道者》，也大加赞赏影片迷人的音乐：“这场美妙的热带风暴让孩子和他们的朋友们跟着让人坐不住的拉丁节奏，欢快地摇动着他们的小屁股。”

电影《里约大冒险》利用里约热内卢市迷人的自然风光和独特的民俗风情，对旅游目的地进行营销，塑造了旅游目的地的形象，激发了旅游者的旅游兴趣，使巴西旅游线路成了热门的旅游线路。

（2）城市形象营销

当人们想到里约热内卢市的时候，脑海中总会浮现桑巴舞、狂欢节、足球等。将城市形象置于电影中，可以潜移默化地将城市的自然风光、风土人情、饮食文化等通过电影展现在观众眼前，让观众在无形中加深对旅游目的地的印象。

电影《里约大冒险》在拍摄过程中，将整个里约热内卢市的自然风光都纳入到摄像机镜头之中，其中包括科尔科瓦多山、休格洛弗山、桑巴多姆及森林、林间小屋、城市、海滩与水域等。在影片中，嘉年华贯穿始终，也是影片高潮部分的场景，嘉年华集合了巴西的优点：庆祝活动、美味的食物、缤纷的色彩、艳丽的服装以及精彩的音乐盒舞蹈。嘉年华是一年当中最难忘的日子，这也是影片的创作团队决定将之设定为布鲁冒险故事的原因，总而言之，没有嘉年华的里约热内卢市根本就不是里约热内卢市。在《里约大冒险》中，还有原汁原味的巴西桑巴乐、独特的巴西美食、多种多样的鸟类等，所有的这些都构成了里约热内卢市独一无二的城市形象，吸引着世界各地的游客到里约热内卢市旅游。

（3）节事与会议营销

一年一度的里约狂欢节是巴西乃至全球最负盛名的狂欢庆典之一。灿烂的阳光、热情的桑巴和充满激情的民众，汇聚成一道迷人的风景，狂欢节展示出的拉美风情牵动着全世界的目光。对于里约而言，举办狂欢节意味着城市文化的传承，不仅给市民带来欢乐，同时，也吸引了数以百万计的游客前来休闲度假，带动了巴西旅游旺季的繁荣发展。里约热内卢市狂欢节是该市最重要的节庆活动，也是该市推广的所有旅游活动中创造收入最多的一个。2019 年，约有 170 万游客观看和参加了这一盛大狂欢节，里约热内卢市旅游和服务业收入达 20.94 亿巴西雷亚尔。

在 2014 年的世界杯和 2016 年的里约奥运会期间，全球的体育迷争相奔赴巴西，掀起观赛和旅游的高潮。越来越多的游客愿意不远万里到现场为自己钟爱的球队呐喊助威，促使体育旅游得到持续飞速的发展。巴西国家旅游公司更是推出了“2020 水彩计划”，希望利用主办 2014 年世界杯和 2016 年奥运会的机会，全力推动旅游业发展。“2020 水彩计划”是巴西旅游业专家经过认真调研后制定的，将为未来十年巴西旅游业的发展提供指导。巴西也以此为契机，努力把自己打造成南美洲第一大旅游国。世界杯效应和奥运效应使得全球游客对里约热内卢市的关注度持续攀升，据统计，2014 年世界杯期间巴西共接待近 150 万外国游客，2016 年奥运期间共接待 117 万游客，其中 41 万为外国游客，旅馆入住率达到 94%。

由此可见，节事与会议对里约热内卢市进行了很好的营销，极大地激发了世界各地游客的旅游动机，促使游客前往里约热内卢市旅游观光。

第四章

我国影视旅游发展的对策与建议

第一节　把握营销活动的最佳时机

一部优秀的电影，对于取景地的旅游宣传作用是不容小觑的。作为影视旅游目的地，要在旅游产品的设计、规划和开发过程中，使旅游产品与影视旅游目的地、影视场景等元素相匹配，给予游客更好的沉浸式的出行体验，以便更好地展现影视旅游的独特魅力。

一部电影带火一座城，引爆一个地方的旅游经济，这样的例子不胜枚举。在《非诚勿扰》中，男主角泛舟的小河、与女主角约会的幽静茶楼、听戏的会馆等，这些如诗如画的景色让杭州西溪湿地一举成名。据统计，自贺岁片《非诚勿扰》上映后，西溪湿地游客人数屡创新高。在旅游营销中，电影是个好选择，它能将景区理念和资源融入影片，将电影情感赋予景区之中。电影《人在囧途之泰囧》将泰国的人文特色巧妙地随着剧情展现出来，带火泰国游。电影《指环王》成就了新西兰“魔戒之国”的美誉，使美丽神秘的新西兰成为全世界《指环王》粉丝们的梦游之地，新西兰的旅游品牌价值与文化内涵同《指环王》一并经典长存。通过影片传递城市文化，形成旅游品牌的影音营销，效果显著。

第二节　模式创新，整合式营销

整合式营销传播（integrated marketing communication，简称 IMC）是指将与企业或品牌进行市场营销有关的一切传播活动一元化的过程。通过综合与协调各种形式的传播途径，向消费者传递统一的产品信息和品牌形象，在消费者心目中较快形成对产品的形象认知并与此建立更深层的关系，从而达到品牌文化渗透和产品营销的目的。该理论在 20 世纪 80 年代中期由美国营销大师唐·舒尔茨提出，目前在我国各行各业的营销策略中均获得广泛运用，旅游行业自然也不例外。整合式营销在影视旅游的运用，首先要在旅游线路的设计上深入分析消费者的感知状态和出游动机，通过融合影视剧对消费者的刺激，在旅游线路上更贴合消费者的意愿、满足消费者的不同层次需求，以增强消费者的出游欲望与满意度。影视旅游整合式营销的“整合”主要表现在三个层面：区域整合、资源整合、影视宣传与旅游的互动整合。

一、区域整合

联合一定区域范围的（或以城市、小镇、景区为单位）与影视相关的旅游点、景区，开辟一条具有影视文化特色的旅游线路。例如，英国旅游局开设的“哈利·波特旅游主题线路”。该条主题线路，将原旅游线路进行升级改造，使游客仿若置身在电影《哈利·波特》的情境之中。

除此之外，在目的地举办形式多样的影视主题营销活动，以此凸显地方特色和当地风俗人情。例如，美国就会在好莱坞、西雅图等旅游城市定期举行影视主题旅游宣传活动或电影节，并邀请本地影星或因在本地拍摄影视剧而闻名的演员作为宣传大使，利用名人效应吸引观光和游客的额外消费。

二、影视宣传与旅游的互动整合

由于影视媒体的传播渠道单一，交互性差，不可选择等特性，受众通常被动地接受信息，且没有反馈或者反馈性较慢，使得传播者与受众间黏度低、互动性差。无法有效引导受众在这种洪水般的信息流面前做出有效选择。而以网络媒体、手机媒体作为新型媒体的代表，势必将改变这一格局。因此，在网络、信息平台高度发达的今天，抓住网络媒体与手机媒体资源进行互动性的整合传播，以最大限度地满足游客的需求和愿望已是当务之急。

首先，新型媒体的传播方向是双向的，传统的信息发布者和受众现在都成为信息的发布者且彼此之间可进行即时性的互动。其次，新型媒体提供了人们基于共同爱好或展现自我个性的虚拟交流平台，如微博、博客、社群网站等。以社群网站为例，“豆瓣网”是以电影、图书、音乐为讨论核心的小众群体聚合社区，网站自有的数据分析功能，可以为用户轻松找到志同道合的新成员，使一个个素不相识却不谋而合的虚拟社群连接生成。因此，在社群中某一个成员对影视剧中某个旅游景点的推介或兴趣将会由点向面地向整个社群迅速辐射，这种广泛的辐射性和传播的快速性成为影视旅游的天然宣传载体。同时，网络社群媒体或自媒体的这种“草根性”也使传播者之间更容易建立信赖的关系，从而提升影视旅游营销的传播效率。

此外，用手机上网、看电视、电影、拍照发微博、微信、博客等已成为一种流行趋势，并成为新型媒体的主流方向。当今手机媒体在旅游营销中的主要方式有以下三种：（1）手机门票。通过网络或当地媒体的宣传以手机短信电子码或二维码的形式发送景点门票、机票或火车票等，为推广此种形式商家通常会给予一定的优惠政策。（2）手机优惠券。手机应用程序提供下载酒店住宿优惠券、餐饮优惠券、门票团购券等，需在消费时出示，这种形式的优惠券因门槛较低、使用方便而受到消费者欢迎。（3）手机短信营销。提供免费的出行天气、交通情况等短信服务，并顺便推荐其旅游产品或线路等。

因此，手机营销的潜力是巨大的，因为手机营销不仅是一种对话形式的营销手段，而且还不受时间和空间的限制，这是其他媒体望尘莫及的。在旅游业面向不同的目标群体进行广告宣传时，手机营销都能发挥积极的作用。但目前我国通过影视旅游产品与手机媒体进行整合营销的案例还没有出现，相信在不久的未来势必会有突出的表现。

第三节　打造体验式观光产品

自迪士尼乐园建成以来，影视旅游发展至今已有多年，相比国外成功兴建的“环球影城”“哈利·波特主题乐园”“大长今”等影视旅游设施，国内对于影视旅游的体验式观光还处于初级阶段。随着体验式消费时代的来临，传统的“看热闹”式观光不再能够满足人们对影视旅游的热情，须充分利用景区和影视资源，让游客能够亲身参与、体验影视中的真实场景，并结合科学技术营造出一种仿佛身临其境、如梦如幻的感觉。要让游客获得更直观和更深刻的旅游体验，就要从互动项目设置、产品体验、游线设计、景观打造、人性化服务等方面突出趣味性、个性化，以此提升景区游客的参与感。沉浸式体验是影视旅游的核心要素，而一个好的沉浸式体验项目要有吸引眼球、故事表达、情感共鸣等元素，强调游客的切身体验，营造"身临其境"的感觉。还可以打破时间尺度的限制，开发"沉浸式夜游"，以此延长游览体验时间，增加旅游目的地的附加值。每个旅游目的地都有属于自己的"标签"，这个"标签"可以用"IP 化场景"理解，主要是旅游目的地空间、场所和文化、价值观、生活方式等集合形成的场域和"情境"，具有主题性、体验性和社群性特征。IP 化场景包括文创赋能、社会化创新、多业态集成以及融入周边社区发展等。通过文旅 IP 化场景将文化进行"变形"，最终营造与发展出满足游客对美好旅游生活的期待和需要的旅游体验。IP 旅游场景流程：IP 文化提炼→ IP 故事重塑→ IP 场景搭建→ IP 业态布局。一个优质的旅游目的地，除了需要打造优质的核心产品外，养眼、养心、养颜、养身、养生的美丽环境也不可或缺。现代旅游更注重的是全身心的体验和感受，目的地建设不仅要让游客记住，还要让游客第一眼就能爱上，让每一位游客都有一种分享的冲动和再来的欲望，这就需要从目的地的整体美景构建上入手。

相比迪士尼乐园无处不在的童真和欢乐氛围，建于美国和新加坡、日本等地的环球影城则更注重游客的体验式观光。例如，位于洛杉矶的好莱坞环球影城就是一个再现电影主题的游乐园，包括惊心动魄的电影主题娱乐设施、精彩秀场以及真实的电影拍摄现场，游客们可以乘坐变形金刚 3D 过山车化身为"新兵"迎接一场前所未有的伟大战役，还可以挑战世界上最恐怖的室内云霄飞车——木乃伊复仇过山车进入金字塔深处探险，到外星人山洞和 ET 来一段脚踏车上的太空之旅，在观光电车上遇到大地震、洪水、木桥坍塌、大白鲨追尾、与金刚对峙等种种刺激体验。这些刺激而又彰显影视特色的娱乐项目让人们获得快感的同时还过了一把充当电影主人公的瘾。

第四节 增强影视旅游文化内涵

旅游作为一种广义的特殊文化活动，它既是文化的消费过程，又是文化的传播过程，旅游是文化的内涵和深层表述形式之一。文化是旅游景观的驱动力，一个地区的山水景观、文明古迹、民族传统等都蕴含着内在的文化观念。旅游者奔赴旅游目的地进行了解和体验的过程，本身就是一个领略当地自然文化和人文景观的经历，是使自身获得审美情趣和精神愉悦的过程。因此，可以说"文化是旅游的灵魂"。文化旅游作为当今和未来旅游业的发展趋势和热点，其文化属性是保证影视旅游可持续发展的根本原因。影视旅游作为影视文化与旅游文化相结合的产物，实质上是两者间相辅相成，所以，要提升影视旅游的文化内涵，首要前提就是制作优良的影视作品，让其成为吸引消费者的资源和手段；再者，要善于发掘旅游目的地的文化内涵，许多经由影视宣传人为制造的景点虽然在短时间内能聚集一些人气，但由于其历史文化内涵的缺失难以形成气候；同时，还有一些风景独好却籍籍无名的地方，经由影视的衬托而熠熠生辉。

例如，我国的江南水乡古镇——乌镇，尽管其拥有"鱼米之乡，丝绸之府"的美称，历经千年的历史文化沉淀，其恬静古朴的水乡风情、极具江南风味的美味佳肴，白墙黑瓦的古朴建筑，如同笔墨勾勒的一幅水墨画，但若是没有电视剧《似水年华》剧组的发掘和艺术加工，怕是世人们也难以领略它的美。电视剧《逝水年华》通过一则温婉动人的爱情故事带领观众走进了乌镇，领略乌镇的青石长巷、烟雨朦胧、浓郁酒文化的三百酒家、蓝印花布坊、晴耕雨读书馆、逢源双桥、拙朴风趣的皮影戏、宁静、深邃的东山书院等别样的人文风景。不知道是乌镇造就了电视剧《逝水年华》，还是电视剧《逝水年华》升华了乌镇，但无论怎样，作为影视旅游的成功案例，电视剧《逝水年华》给乌镇带来的不只是观光人潮的纷至沓来，更是向全世界传播了梦里水乡乌镇的古风古韵和我国历史悠久、影响深远的中华文化。

作为青岛市影视旅游的重要载体，位于青岛市西海岸新区的东方影都自运营以来，按照国际标准，打造国内领先、国际一流的影视产业园，构筑影视产业链条，涵养影视生态，争创国内影视工业化的新标杆。这里影视资源丰富多样，既有影视产业园和藏马山外景地形成的内棚外景互动格局，又有现代化的城市风貌与美丽乡村遥相呼应，还有天然的山、海、岛、滩、河、湾等自然资源，不仅能最大限度地满足剧组取景需求，还能充分地让游客了解青岛市的历史文化。

电影《送你一朵小红花》里，有这样一段浪漫的片段，男女主人乘坐缆车，俯瞰整座城市，体验在火星上看日落的感觉。在中山公园里，随处可见与电影《送你一朵小红花》相关的景观，游客乘坐索道，还能获得男女主角的同款道具、同款座位。电影《关于我妈的一切》、电视剧《警察荣誉》《巡回检察组》等剧组纷纷进入青岛取景拍摄，这极大地促进了青岛市影视旅游的发展。

结　语

影视旅游作为一种新兴的文化旅游项目，是旅游业与影视业相结合的产物，也是一种体验经济下的体验营销产品。我国的旅游业发展至今，一直是经济思想占据主导地位，但随着日益丰富的物质生活水平以及消费者对物质文化、精神文化需求的逐步提升，旅游产业如果没有文化根基作为支撑，就只会是一副空架子。“文化是旅游的内驱力、旅游是文化的载体”，文化因素已成为旅游产业中的决定性影响因素。而影视文化所具备的大众性、综合性和广泛性等特点与旅游业可谓天作之合，很好地推动了影视业与旅游业的发展。本书着眼于中外影视旅游目的地营销案例，从旅游目的的概况、营销策略、客源市场分析，发展策略、影响因素等方面，探讨影视旅游目的地的营销模式及其文化传播功能，并通过国内外影视旅游目的地的成功案例指出我国影视旅游目的地的发展对策和建议。

本文虽然探索性地提出了一些观点，但是，由于时间有限加之书籍撰写团队水平有限，内容还有许多不足之处，需要在今后进一步探讨。

参考文献

[1] 刘滨谊,刘琴 . 中国影视旅游发展的现状及趋势 [J]. 旅游学刊,2004（06）：77-81.

[2] Beeton Sue. *Film-Induced Tourism*[M].Multilingual Matters：2005-12-31.

[3] Graham Busby, Julia Klug. Movie-induced tourism：The challenge of measurement and other issues[J]. *Journal of Vacation Marketing*,2001,7（4）.

[4] Hall C. Michael, Sharples Liz, Mitchell Richard, Macionis Niki, Cambourne Brock. *Food Tourism Around The World*[M].Taylor and Francis：2004-02-18.

[5] Riley Roger W.,Van Doren Carlton S.. Movies as tourism promotion: A â pullâ TM factor in a â pushâ TM location[J]. *Tourism Management*,1992,13（3）.

[6] Tooke Nichola, Baker Michael. Seeing is believing：the effect of film on visitor numbers to screened locations[J]. *Tourism Management*,1996,17（2）.

[7] Roger Riley, Dwayne Baker, Carlton S.Van Doren. Movie induced tourism[J]. *Annals of Tourism Research*,1998,25（4）.

[8] 潘丽丽 . 影视拍摄对外景地旅游发展的影响分析——以浙江新昌、横店为例 [J]. 经济地理,2005（6）：928-932.

[9] 付冰,周申立 . 我国影视旅游发展与规划探析 [J]. 北京第二外国语学院学报,2005（3）：102-104+101.

[10] 王玉玲,钟伟 . 国外利用影视发展旅游的方式总结 [J]. 商场现代化,2007（1）: 353-354.

[11] 王树春,李陇堂,王彦庚 . 宁夏华夏西部影视城旅游开发实证研究及其意义 [J]. 宁夏大学学报(自然科学版),2006（2）: 189-193.

[12] 张新艳 . 基于影视旅游的目的地营销研究 [D]. 昆明：云南财经大学,2011.

[13] 春香 . 中国赴俄罗斯旅游客源市场发展研究 [D]. 西安：西安石油大学,2020.

[14] 柳一桥 . 旅游品牌建设中的微电影营销探析 [J]. 电影评介,2019（10）: 84-86.

[15] 吴晶,何叶 . 全域旅游视野下旅游目的地营销策略 [J]. 现代营销(下旬刊),2018（6）: 67.

[16] 高五峰,王木旺等 . 电影播映新模式海外落地的调研与应用分析 [J]. 现代电影技术,2018（3）: 11-15.

[17] 全球旅游目的地市场呈现三级分化 [J]. 空运商务,2017（11）: 23-25.

[18] 蒋草军 . 长沙市岳麓区社区公共文化建设问题研究 [D]. 长沙：湖南大学,2016.

[19] 王文汐 . 旋转卡门秘境之西班牙 [J]. 中国汽车市场,2016（5）: 16-17.

[20] 赵巍 . 樟宜机场如何成就全球最佳机场 ?[J]. 空运商务,2016（2）: 39-48.

[21] 尹爱国 . 排爆机器人临场重构与控制系统在环虚拟监控研究 [D]. 天津：河北工业大学,2015.

[22] 张甜 . 影视旅游的经营策略 [J]. 视听界,2014（3）: 61-63.

[23] 王兆成 . 旅游微电影营销探析 [J]. 扬州职业大学学报,2012,16（4）: 38-41.

[24] 李媛媛 . 论伍迪艾伦的电影艺术 [D]. 重庆：重庆大学,2010.

[25] 彭阳 . 长沙市岳麓区城市社区文化建设中的问题及对策研究 [D]. 长沙：国防科学技术大学,2009.

[26] 徐乐乐 . 基于旅游流分析的杭州入境旅游市场开拓研究 [D]. 杭州：浙江大学,2003.

[27] 甘枝茂，马耀峰．旅游资源与开发 [M]. 天津：南开大学出版社，2000：3-8.

[28] 丁季华．旅游资源学 [M]. 上海：上海三联书店，1999：98.

[29] 王玉玲，钟伟．国外利用影视发展旅游的方式总结 [J]. 商场现代化，2007（1）.

[30] 田靓雯．影视旅游的营销模式与文化传播研究 [D]. 武汉：华中师范大学，2014.

[31] 袁新华．旅游目的地营销应注重发挥好三个“效应” [J]. 旅游学刊，2006（7）：8-9.

[32] 张权生．论影视旅游产业机制与发展策略 [J]. 齐鲁艺苑，2014（02）：105-107.

[33] 刘艳红．甘肃影视旅游的发展现状及发展策略研究 [J]. 兰州交通大学学报，2010，29（5）：80-83.

[34] 杨清．新媒体在品牌营销中的应用 [J]. 新闻世界，2011（3）：88-89.

[35] 胡畔．新媒体目标市场营销策略 [J]. 经营与管理，2010（4）：20-21.

[36] 高静．旅游目的地形象、定位及品牌化：概念辨析与关系模型 [J]. 旅游学刊，2009（2）：25.

[37] 吴芙蓉．大陆居民赴台旅游市场发展分析［J］. 南京财经大学学报，2010（6）：54-59.

[38] 崔鲁彬．台湾电影中的历史和现实——从《海角七号》到《艋舺》[J]. 电影评介，2011（23）：35-37.

[39] 黄钟军．影视、旅游与旅行者的凝视 [J]. 浙江传媒学院学报，2013，20（2）：83-86.

[40] 陈翼．传播学视角下电影植入式旅游广告研究 [D]. 南京：南京师范大学，2011.

[41] 国家统计局城市社会经济调查司．中国城市统计年鉴 [M]. 北京：中国统计出版社，2020.

[27] [illegible]
2000: 1-8.

[28] [illegible] [M]. 上海: [illegible], 1999.

[29] [illegible]
2007 (1) [illegible]

[30] [illegible] [D]. [illegible]
[illegible] 2010.

[31] [illegible]
2008 (7): [illegible]

[32] [illegible] 2011
(02): [illegible]

[33] [illegible]
[illegible] 2010, 29 (5): 80-85.

[34] [illegible] 2011 (3):
88-89.

[35] [illegible] 2010 (
20-21.

[36] [illegible]
[illegible] 2009 (1): 25.

[37] [illegible]
2010 (6): 34-39.

[38] [illegible]
[illegible] 2011 (23): 19-22.

[39] [illegible]
2013, 30 (2): 85-86.

[40] [illegible]
[illegible] 2011.

[41] [illegible]
[illegible] 2020.